海南水下考古与南海海洋遗产保护案例研究

李 钊◎著

中国海洋大学出版社

·青岛·

图书在版编目（CIP）数据

海南水下考古与南海海洋遗产保护案例研究 / 李钊
著 . -- 青岛 : 中国海洋大学出版社 , 2025.5
　　ISBN 978-7-5670-2988-0

　　Ⅰ . ①海… Ⅱ . ①李… Ⅲ . ①南海诸岛－文化遗产－
保护－研究 Ⅳ . ① K296.6

中国版本图书馆 CIP 数据核字 (2021) 第 218662 号

HAINAN SHUIXIA KAOGU YU NANHAI HAIYANG YICHAN BAOHU ANLI YANJIU

海南水下考古与南海海洋遗产保护案例研究

出版发行	中国海洋大学出版社
社　　址	青岛市香港东路 23 号
邮政编码	266071
出 版 人	刘文菁
网　　址	http://pub.ouc.edu.cn
电子信箱	1922305382@qq.com
订购电话	0532-82032573 （传真）
责任编辑	曾科文　陈　琦　　　　　　电话 0898-31563611
印　　制	海口景达鑫彩色印刷有限公司
版　　次	2025 年 5 月第 1 版
印　　次	2025 年 5 月第 1 次印刷
成品尺寸	185 mm×260 mm
印　　张	11
字　　数	168 千
印　　数	1—1000
定　　价	68.00 元

如发现印装质量问题，请致电 0898-66748506 调换。

自序

南海位于我国大陆的南面，通过狭窄的海峡或水道，东与太平洋相连，西与印度洋相通，是一个东北—西南走向的半闭海。南海北靠我国大陆和台湾岛，南接加里曼丹岛和苏门答腊岛，东临菲律宾群岛，西接中南半岛和马来半岛。总面积约为 350 万平方千米。南海中的主要岛屿有海南本岛，东沙、西沙、中沙、南沙群岛；主要海湾有西北部的北部湾和西南部的泰国湾；主要的汇入河流有珠江、韩江以及中南半岛上的红河、湄公河和湄南河等。南海海盆构造复杂，四周边缘较浅，中间海沟深陷；南海海域的平均水深 1212 米，最大水深达 5559 米。通常所探讨的南海水下文化遗产，主要是指海南省管辖下的南海海域，包括海南本岛沿海、北部湾、琼州海峡、西南中沙群岛及其海域。

我国历史悠久，幅员辽阔，在广阔的海域中拥有绵长的海岸线和众多天然良港，拥有几千年悠久的航行航海历史和传统。我国先民主导开创的海上丝绸之路，就是古代中国与东西方世界通过海路进行商品贸易和人文交流的重要航线。南海，则是海上丝绸之路传统航线中的必经之地，在历史上发挥了重要作用。年复一年航经南海的中外船舶在不同时代、不同区域留下各类珍贵文物，形成了今天宝贵的南海水下文化遗产。随着全球化和海洋时代的再次来临，我国南海在国家整体战略中的地位日益凸显。同时，水下文化遗产的保护管理是维护我国海洋权益的重要措施，也是维护国家主权与文化安全的重要途径。南海的水下文化遗产承载着极高的人文价值和重要的历史意义，其重要性不言而喻。但是，南海也面临着不合理的海洋开发建设、盗捞活动、渔民作业破坏等不利因素的威胁，亟待得到有效的保护和管理。

　　同时，我国陆地水系发达，河湖众多，渔业起源比农业更早，渔业发展历史也十分悠久。原始海洋渔业肇始于原始社会的旧石器时代。在距今 1.8 万年前的北京周口店山顶洞人洞穴遗址中出土了海贝制作的装饰品，并且数量可观。由此可见，当时的人类已经开始初步利用海洋水产资源，并且在内陆与滨海地区之间存在着较远距离的资源交换。随着时间的推移，航海和造船技术不断进步，我国传统的海洋渔业也迅速发展。传统渔业范围经历了从近岸到沿海、从沿海到远海，逐步更深更远的扩张过程。其中的远海主要指南海及其岛礁。南海是一个半封闭陆缘海，南海诸岛包括东沙、西沙、中沙和南沙四大群岛，由于珊瑚礁具有的生物多样性，南海诸岛拥有非常丰富的渔业资源。最迟从明代开始，海南渔民就在南海诸岛世代从事渔业生产活动。其中，代表性物证就是《更路簿》。明清时期形成的《更路簿》是我国渔民往来于我国沿海地区和南海诸岛之间的航海指南，是历代航海者的经验积累与总结；其中包含了航向航程、水文海况、海区海产等诸多信息，并且相当准确可信。以手抄本记录的文字被称为《更路簿》，以口耳相传记载的被称为《南海更路经》。根据学者们的调查研究，《更路簿》最迟于明末就已出现，流传至今，而其反映的航海行为与航行经验的年代则应更早。

　　凡此种种，海上丝绸之路南海段史迹与水下文化遗产保护，日成显学，而南海研究作为一个新兴学科，其基础在于南海史。通过水下考古学的理论方法技术，对南海水下文化遗产展开调查、发现、保护、研究，一直是笔者及团队经年着力之处。本书即多年实践与保护案例的总结。

　　是为序。

前言

在上古时期,我国先民就通过对外交流对世界几大洋有了一定的了解和认识。但是,在不同时期,对各个海区的称谓使用并不统一。在汉代以前,我国古人已经认识到我国只是天下的一部分,认为天圆地方,陆居于中央,海环于四周;天下虽大,不比海洋辽阔,海洋环抱着陆地。

南海,在古代是一个地理海域概念,其具体所指范围因时代而异。先秦古籍中的记载,部分泛指南方各族的居住地,部分指向一定的海域。《尚书·禹贡》中有"入于南海"的记载,《诗经·江汉》中有"于疆于理,至于南海"的表述,但其确指未详。《史记·秦始皇本纪》中有"上会稽,祭大禹,望于南海"的记载,经学者考证,这里的南海应当指的是江浙沿海,即今天的东海。直到秦灭六国,大军南征,置南海郡等九郡,其所临海疆即今南海。到了西汉以后,东海的方位已有了固定区域,于是"南海"专指今天的南中国海。随着航海活动的日益频繁,古人对我国周围的海洋有了更深入的认识,"南海"这一概念涵盖的地理范围更加明确和广阔。

20世纪70年代,湖南省长沙市马王堆三号汉墓中出土了《西汉初期长沙国深平防区地形图》,该图画在长、宽各96厘米的正方形绢布上,成图时间当在距今2000多年前,被视为迄今为止最早标绘南海的舆图。在汉至魏晋南北朝时期,南海被称为"涨海""沸海",唐代以后才逐渐统一,改称"南海"。到了唐宋时期,随着航海技术的进步和航海活动的频繁,我国航海者对航行海域的认识更加准确和深入,于是在"南海"这一地理概念之外,新出现了"西南海"这一称谓。

经考证，"西南海"泛指今天南亚次大陆南部海域，包括孟加拉湾和阿拉伯海。事实上，唐宋时期有关"南海"和"西南海"的地理概念，是随着航海活动的发展而形成的，这两个概念都是以我国本土为中心，以我国本土为观察基点，其地理坐标的中心就是中土华夏，它们都是由我国古代的舟师船队所命名。

海上丝绸之路作为一条海上航线的历史悠久，其肇始于2000多年前的汉代，发展到唐代中期以后就已经成为东西方交流的主要通道。这条传统航线由我国东南沿海港口出发，穿越南中国海，途经马六甲海峡，进入印度洋，抵达波斯湾，最远到达非洲大陆东海岸。南海道，一般被称为海上丝绸之路的南海航线，最早形成于汉代，是从雷州半岛的徐闻、合浦上船，从水路通往今印度的孟买。当时，汉武帝设黄门于番禺，有译长，专司对外贸易。这样一个官方机构的出现，体现了中央政府对海洋贸易和海外交往的重视。汉武帝时期，朝廷曾组织我国的商船队，从番禺出发，经合浦、徐闻，沿岸梯航经过南海，到达中南半岛的沿海口岸进行贸易。通过和平交换，我国商船队用黄金和丝绸换回了异国的明珠等域外奇珍。据记载，商船队先后到达7个海国，最远到位于今斯里兰卡的已程不国和今印度东海岸的黄支国。

唐代中期，"广州通海夷道"已经发展成熟，这条航线从广州出发，经过珠江口的屯门山、海南岛东岸的七洲洋和象石，南下西沙群岛，然后横穿马六甲海峡，进入印度洋，再进入波斯湾，最后抵达非洲东岸。唐代，随着我国造船工艺的长足进步，船只安全性能在传统的基础上进一步提高，抵御风浪的性能、远洋航行的性能都大大提升。当时，我国造船业已采用桐油、石灰等材料的捻缝技术。同时，已经开始使用木榫和铁钩固定船体，使得船体本身更加坚固耐用。北宋时期，西北陆上丝绸之路被北方草原民族控制，对外交流被隔断。到了南宋时期，朝廷更是偏安于江南地区，传统的陆上丝绸之路被金、西夏、元等控制。因此，海上丝绸之路成了两宋时期朝廷与民间对外交往的主要通道。南宋重视海外贸易的巨大利润，鼓励并奖励中外商船贸易往来。这些鼓励和奖励政策又进一步刺激了各国商人越洋过海来华进行贸易，使得当时我国东南沿海各港口日益繁荣发展。广州和泉州，就是两宋时期世界上最为繁华的国际性大都市和外贸口岸城市。进入元代，海上丝绸之路进一步繁荣兴旺。元朝沿袭了南宋的海外政策，继续鼓励海外贸易。

回顾历史，海南的海岛环境孕育了拥有独特海洋气质的南海人，他们创造的历史和文化印刻在他们曾生活的地方，被记录在古籍上、物品上，承载在海南的历史文化遗产中，代代相传，至今仍独具特色。海上丝绸之路的活动在南海留下大量珍贵的水下文化遗产，这些遗产是古人在这里活动所遗留的历史证据。我国拥有 1.8 万千米的大陆海岸线，天然良港众多。在历史上，中外商船往来于南中国海，在沿海各口岸穿梭不断，贸易互市。千百年来，由于风暴、触礁、迷航等，沉没在我国近海、远海海底的古船数量庞大。它们都负载着难以估量的历史文化信息，是历史的物证，也是珍贵的海洋遗产，更是海南水下考古探索、探寻、探究的海底之书。

通过水下考古队长期持续的努力和多年深入实地的研究，在南海海域的水下考古调查发掘收获颇丰，并扩展到海南岛沿海及周边涉海类田野遗址。本书即部分工作的阶段总结。书中介绍了南海诸岛的自然地理与历史沿革、海南水下考古与南海文物保护的发端与进展，着重分析了岛礁重点文物保护单位、甘泉岛居住遗址、华光礁沉船的保护实践，对海上丝绸之路申遗、海底村庄地震废墟、航线调查和基建考古也有专门讨论。而陵水移辇的港口窖藏外销瓷器、昌江乌烈的木作造船用石器加工场遗址，则进一步拓宽了水下考古的发现范围和提升了海洋文化遗产的内涵。

目录

| CONTENTS |

第六章　华光礁 I 号沉船的考古埋藏学观察　38

第七章　华光礁 I 号沉船与南宋铜钱海外贸易　45

第八章　华光礁 I 号沉没原因与宋船远海航行模式　51

第一章 南海诸岛自然地理与历史沿革

自古以来，南海就是我国人民的"祖宗海"。其中的西沙群岛是南海西北部的一个大群岛，其地理位置十分重要，坐落在南海海上交通往来的航线要冲，辽阔无垠的海域是我国与中南半岛、南洋群岛、印度洋沿岸及西亚各国和各地区进行文化经济交流的一条大通道，为古代海上丝绸之路的必经之地。西沙群岛属热带海洋性季风气候，地质结构独特，岛、洲、礁、滩广布，海域中蕴藏着十分富饶的水产、矿产等自然资源。

一、地理位置及岛礁分布

南海位于我国大陆的最南方，故名南海，国际上亦通称为南中国海。南海是我国四大陆缘海中最大最深的一个海，也是世界上较大的陆缘海之一。从海底地质构造的特征来看，南海诸岛坐落在巨大深邃的南海海盆所产生的一个面积辽阔、水体硕大的陆缘海的礁盘上，经过长时间的地质构造运动才逐渐形成。它的形成和地理分布与南海海盆在地质上的不断变化有着十分密切的关系，众多岛、礁、沙洲、滩、暗沙是由珊瑚虫骨骼经过长时间演变堆积，最终由珊瑚礁灰岩所构成的[①]。在这片辽阔的海域上分布有东沙、西沙、南沙、中沙四大群岛组成的南海诸岛。

其中，西沙群岛地处南海的西北部，是南海诸岛最西面的一个大群岛，位于海南岛榆林港东南约 180 海里（约 333.4 千米）。其地理坐标为 111°11′E～112°54′E，15°46′N～17°08′N，分布范围北起北礁，南至先驱滩，东起西渡滩，西至中建岛，海域分布面积 50 多万平方千米。西沙群岛发育在南海西北部大陆斜坡的西沙台阶上，基座水深为 900～1000 米。在由造礁石珊瑚虫所构成的珊瑚骨骼堆积灰岩形成的封闭、半封闭的环礁上，散布有许多岛、洲、礁、滩。

西沙群岛海域主要分布有永乐、宣德、东岛 3 个大环礁和华光、浪花、玉琢、北礁、盘石 5 座中小型环礁，此外，还有一些岛、滩和未命名的海山。其中，已正式命名的岛、洲、礁有 40 座；露出海面的天然岛洲有 29 座，分别为 22 座岛和 7 座沙洲，这也使得西沙群岛成为南海诸岛中露出水面岛屿最多的一个大群岛，其陆地总面积约有 10 平方千米。按其地理分布形势，可分为宣德群岛和永乐群岛两大群组②。

宣德群岛和永乐群岛均是 1947 年为纪念明永乐至宣德年间航海家郑和七下西洋的伟大壮举而被命名的。宣德群岛位于西沙群岛之东稍偏北，海南渔民向称为上七岛、东七岛或上峙。地理坐标为 112°10′E～112°54′E，15°43′N～17°00′N。共有 8 座岛屿、6 座沙洲和 7 座暗滩（礁）。其中，有永兴岛、石岛、东岛、南岛、中岛、北岛、赵述岛、高尖石、南沙洲、中沙洲、北沙洲、西沙洲、浪花礁等岛、洲、礁。永乐群岛位于西沙群岛之西，海南渔民向称下八岛、西八岛或下峙。地理坐标为 111°11′E～112°06′E，15°46′N～17°07′N。共有 14 座岛屿、1 座沙洲和 4 座暗滩（礁），包括金银岛、甘泉岛、珊瑚岛、全富岛、鸭公岛、银屿、银屿仔、咸舍屿、石屿、盘石屿、晋卿岛、琛航岛、广金岛、中建岛及筐仔沙洲等，另有永乐环礁、北礁、华光礁、玉琢礁等环礁③。

二、季风与物产概况

西沙群岛与南海诸岛中的东沙群岛、中沙群岛、南沙群岛一样，都处于低纬度区域，在北回归线以南、赤道以北，属北半球热带地区。由于地理位置独特，这里属于典型的热带海洋性季风气候，常受多种低纬度热带天气系统的影响。这里高温高湿，气候炎热，常夏无冬，盛行季风。

西沙群岛气温变化全年呈双峰型（发生在每年 3～5 月和 8～9 月），年平均气温约为 26.5℃，年平均降雨量为 1392.2 毫米，且主要集中在台风雨和热雷雨季节，其他季节降雨量极少。因温度较高，且雨量充沛，干湿季较分明，一年之中并无四季交替之分，仅有相对的干（少雨）湿（多雨）二季之分。

西沙群岛为南海诸岛最西面的一个大群岛，处于南海的风能高值区，季风和热带气旋风较为盛行。每年 10 月至次年 2 月为冬季风期，盛行东北季风；4 月至 9 月为夏季风期，盛行西南季风。其中，在每年的季风交换时期，这里的气候海流变化比较复杂。千百年来，我国古代渔民在南海上航行和从事渔业生产，凭借经年积累的丰富经验，早就认识和充分利用了这种周而复始、定期转换方向的季风，并将其作为往返海上所依靠的唯一自然动力。北宋时期，南方沿海地区的渔民还把夏季风称为"舶棹风"，意为夏天的西南季风能吹送海上远航的船舶归来。

西沙群岛散布在浩瀚的南海之中，地处热带海洋，因其独特的地理生态环境，蕴藏着十分丰富的自然资源。西沙群岛上分布有种类较多的热带海洋性植物及少量鸟类，岛洲上的植物基本可分为 4 个植物群落：常绿乔木群落、常绿灌木群落、草本植物群落、湖沼植物群落。在其周围海区又分布众多的海洋生物资源，如海洋动物就包括鱼类、贝类、虾蟹类、海龟等，尤以鱼类和贝类种类繁多，各有上千种，并以热带海洋动物为主。西沙群岛及其辽阔海域拥有极为丰富的人类生存和发展所必需的海洋生物资源，自古以来就是我国渔民从事捕鱼捞贝活动的传统远洋渔场，古代文献中有不少关于我国渔民在这里进行捕捞作业活动的历史记载[④]。

三、西沙群岛历史沿革

在我国古代历史上，西沙群岛与东沙、中沙、南沙三大群岛都被归于"涨海"（即今南海）的范围。当时，人们在这片广袤无垠的海域进行商贸航行和经营开发的过程中，便逐渐地发现了南海海域及其中分布的诸多岛礁，并根据航行需要及时对其进行了命名。从史书中可以看出，随着航海经验的不断积累和认识的逐步扩大，也进一步完善了对南海诸岛的专门称谓，其中也包括了西沙群岛的称谓。

东汉杨孚在《异物志》一书中记载："涨海崎头，水浅而多磁石。"[⑤]"涨海"

就是对南海的最早称谓。三国东吴万震的《南州异物志》中，在记载从马来半岛到我国的航程时说："东北行，极大崎头，出涨海，中浅而多磁石。"⑥这里较为形象地提到了涨海的地形地貌特征。东吴人康泰奉旨出使扶南（大致在今柬埔寨）等国，在其返回国后所著的《扶南传》一书中有"涨海中，到珊瑚洲，洲底有盘石，珊瑚生其上也"⑦的记载，这里也很准确地指出了涨海中珊瑚礁所形成岛洲的地质构造特征。东吴人谢承所著的《后汉书》中亦曰："交趾七郡贡献，皆从涨海出入。"⑧从上述文献记载中可以看出，南海在我国古代的称呼应与其所处的自然地理环境有一定的关联。南海地处热带海洋区域，海水很高的温度较适宜珊瑚虫的生长繁殖，分布在南海海域的众多岛、礁、沙洲、暗滩等就是由珊瑚虫骨骼堆积的珊瑚礁石灰岩所构成的。其中，南海诸岛众多岛、礁、沙洲、暗滩就坐落在这片有着独特地质结构的珊瑚礁盘上，并随着海水的不断涨落时隐时现。那时的古人已注意到岛礁在大海涨落变化中显现的这种自然现象，便把这一广阔海域泛称为"涨海"，当与今天人们对南海海域的认识较为接近，而所说的"崎头"应是指南海诸岛。

早在秦汉时期，我国人民就已开通了前往西域的陆上丝绸之路，同时，也开辟了途经南海海域的海上丝绸之路，开始对南海诸岛有了较为确切的认识。东汉时，为了加强对岭南各郡与中南半岛之间海上交通的管理，中央政府时常派地方官员巡视南海海域及其所属各郡。谢承著的《后汉书》中载"交趾别驾陈茂随交趾刺史巡部，涉涨海遇风"，又记"汝南陈茂，尝为交趾别驾。旧刺史行部，不渡涨海。刺史周敞，涉海遇风，船欲覆没。茂拔剑诃骂水神，风即止息"⑨。文中所说的"涨海"，即为南海。三国时，地处东南沿海地区的东吴政权为了巩固岭南社会局面的稳定，保证海上商贸活动的畅通，发兵相邻的交州、林邑等地，抚定其周边地区。史书记载刘宋"舟师巡海"的事实表明，为使海上商贸活动顺利往来，也派舟师水兵巡海抚边。

到北宋时，中央封建政府已设置水师营并派遣水师巡视南海海域。宋人曾公亮著的《武经总要》载："命王师出戍，置巡海水师营垒……治舠鱼入海战舰……从屯门山，用东风西南行，七日至九乳螺洲。"⑩该书是当时记载宋朝军事制度和国防大事的重要书籍，文中的"九乳螺洲"即今西沙群岛。可见，其时已开始使用专门地名来称呼今南海中的某些群岛，较以前"崎头"的泛称要准确多了。南宋时，桂林通判周去非在《岭外代答》中云："海南四郡之西南，其大海曰交趾洋，中有三合流……其一东流，入于无际，所谓东大洋海也……传闻东大洋海，有长沙、石塘数万里。"⑪文中所提到的长沙、石塘，即泛指今南海诸岛。南宋的王象之在《舆地纪胜》中引用了《琼管志》条目，曰："吉阳(治今海南省三亚市崖州区崖城镇)……南则占城，西则真腊、交趾，东则千里长沙、万里石塘。"⑫这里的"千里长沙、万里石塘"也专指南海诸岛。

元代至元二十九年 (1292 年)，浙西道宣慰使史弼奉命远征爪哇，从泉州入海，"过七洋洲、万里石塘，历交趾、占城界"⑬。"七洋洲"，即指今西沙群岛七连屿近旁洋面，可见史弼率兵船远征时是途经南海诸岛海域的。元代航海家汪大渊在游历南海及印度洋沿岸国家及地区后，所著的《岛夷志略》一书中记述："石塘之骨，由潮州而生，迤逦如长蛇，横亘海中，越海诸国，俗云万里石塘……其地脉，历历可考。一脉至爪哇，一脉至勃泥及古里地闷，一脉至西洋遐昆仑之地。"⑭文中描述了万里石塘海底地脉的走向和地质构造，对南海诸岛地理位置及其地质结构的认识也较以前更进了一步。与其年代相近成书的罗洪先所绘的《广舆图》中已将"石塘"和"长沙"两地名绘入当时的南海海图里。

海上丝绸之路发展到明代，已进入鼎盛时期。著名航海家郑和七下西洋，其举世闻名的壮举表明了当时的我国正处于世界航海领域的领先地位。在《郑和航海图》中绘有表示南海诸岛的"石星石塘""万生石塘屿"。据《琼台外纪》记载，"长沙""石塘"等地属琼州府万州（今万宁市）管辖。随郑和下西洋的明朝官员马欢在途经西沙群岛时赋诗"洪涛浩浩涌琼波，群山隐隐浮青螺"⑮，将其所见岛屿景物描绘成"青螺"，这正是对西沙群岛自然风貌的一种形象比喻。明嘉靖六年（1527 年）顾玠撰写的《海槎余录》里曰："千里石塘，在崖州海面之七百里外……万里长堤出其南。"⑯今海南省三亚市崖州区（原崖县旧治崖城）到西沙群岛永兴岛直线距离约 360 千米，与该书中的方位记载较为接近，那"千里石塘"应是指西沙群岛，"万里长堤"则是指南沙群岛。可见，早在距今约 500 年前，我国人民已比较准确地掌握了西沙群岛的地理数据信息，充分表明了随着明代航海事业的不断发展，人们对南海诸岛的认识和了解也在逐渐深入和全面。

在清代康熙末年成书的《指南正法》中，已将南海诸岛划分为"南澳气"（指东沙群岛)、"万里长沙"(指中沙群岛)、"七洲洋"(指西沙群岛)和"万里石塘"(指南沙群岛)[17]。雍正八年(1730年)成书的《海国闻见录》载:"南澳气,居南澳之东南……南续沙埂至粤海,为万里长沙头。南隔断一洋……又从南首复生沙埂至琼海万州,曰万里长沙。沙之南又生崚岵石至七洲洋,名曰千里石塘。"文中提及的"南澳气"是指东沙群岛;由其往南延伸至广东洋面,被称为"万里长沙",是指中沙群岛;"七洲洋"即指西沙群岛;而"千里石塘"则是指南沙群岛。书中又载:"七洲洋在琼岛万州之东南,凡往南洋者必经之所……独于七州大洋、大洲头(今海南省万宁市大洲岛)而外,浩浩荡荡,无山形标识,风极顺利、对针,亦必六七日始能渡过……偏东则犯万里长沙、千里石塘。"文中除言简意赅地叙述了西沙群岛的地理位置、地形特点之外,还明确指出了航行时要注意的诸多事项,这表明清代时人们在南海海域航行中已总结出了较为丰富的航海经验。此外,该书在标注南海诸岛附图时,就明确地划分出"气沙头""长沙""七洲洋""石塘"4个群岛地名,即今天的东沙、中沙、西沙、南沙四大群岛。

在清代官方绘制的舆图中,乾隆二十年(1755年)的《皇清各直省分图》、嘉庆二十二年(1817年)的《大清一统天下全图》等都标绘有南海诸岛。19世纪30年代,严如煜在《洋防辑要》一书的《直省海洋总图》中也明确标绘了南海诸岛,其中把表示西沙群岛的"九乳螺洲"和"双帆石"正式标于其中的《广东洋图》附图里,并将其列为我国重要的海防区域。此后,明谊修、张岳崧编纂的《琼州府志》中专门记载了由崖州协水师营分管南海诸岛各处洋面的情况[18]。光绪二年(1876年),清政府驻英国公使郭嵩焘所著的《使西纪程》一书中曰:"(光绪二年十月)二十四日午正行八百三十一里,在赤道北十七度三十分,计当在琼南二三百里,船人名之曰齐纳细(China Sea的音译),犹言中国海也……左近柏拉苏岛(Paracel Islands,即西沙群岛)……中国岛也。"[19]文中更是明确指出西沙群岛是我国南海属岛。

1909年,清代广东水师提督李准率"伏波""广金""琛航"三舰前往西沙海域视察,逐岛巡视查勘,命名勒石,并在永兴岛上升旗鸣炮,重申我国的南海诸岛主权。同时,还采用现代命名方式正式将西沙群岛中的15座岛屿分别定名为"琛航""广金""甘泉""珊瑚"等,并一直沿用至今。

1935 年，《水陆地图审查委员会会刊》第一期上刊登了《中国南海各岛屿华英名对照表》，首次公布的我国南海各岛的地名有 132 个，其中，有东沙岛（今东沙群岛）、西沙群岛、南沙群岛（今中沙群岛）和团沙群岛（今南沙群岛）。至此，西沙群岛首次被公布为正式名称。

1945 年日本无条件投降，我国恢复对南海诸岛行驶主权。翌年秋，中华民国海军"永兴号""太平号""中建号""中业号"等军舰前往南海诸岛接收失地。同年底，先后登陆西沙群岛永兴岛和南沙群岛太平岛，并分别在两岛上勒石记铭。在 1947 年民国政府内政部公布的《南海诸岛新旧名称对照表》中，正式公布了南海诸岛所属的东沙群岛、西沙群岛、中沙群岛、南沙群岛等地名。

中华人民共和国成立后，西沙群岛、南沙群岛、中沙群岛属广东省管辖。1983 年 4 月 24 日，中国地名委员会授权公布的《我国南海诸岛部分标准地名》中，西沙群岛即成为标准地名。根据联合国教科文组织的要求，奉中华人民共和国国务院、中央军事委员会之命令，1988 年 2 月，中国人民解放军海军南海舰队在南海诸岛部分岛礁进行了部分工程建设。1988 年 4 月 13 日，海南建省，西沙、南沙、中沙三大群岛归属海南省管辖，设西南中沙群岛办事处。2012 年 7 月 24 日，海南省三沙市人民政府正式成立，仍管辖西沙、南沙、中沙三大群岛。

【注释】

---

①广东省地名委员会编《南海诸岛地名资料汇编·南海诸岛地理综述》，广东省地图出版社，1987，第187页。

②海南省史志办公室编《海南省志·西南中沙群岛志》，南海出版公司，2008，第16—17页。

③同上书，第18、24页。

④同上书。

⑤杨孚：《异物志》，转引自《正德琼台志》卷九，上海古籍出版社，1964，影印本，第35页。

⑥万震：《南州异物志》，转引自李昉《太平御览》卷七九〇，中华书局，1960，第44页。

⑦康泰：《扶南传》，转引自李昉《太平御览》卷六九，中华书局，1960，第53页。

⑧谢承：《后汉书》，转引自李昉《太平御览》卷六〇，中华书局，1960，第234页。

⑨同上书，第189页。

⑩曾公亮：《武经总要·前集》卷二〇，中华书局，1959年"中国古代科技图录丛编初集"正德间刊本影印本，第221页。

⑪周去非：《岭外代答》卷一《地理门》三合流条，中华书局，1999，第321页。

⑫王象之：《舆地纪胜》卷一二七《广南西路·吉阳军》风俗形胜条，四川大学出版社，2005，第58页。

⑬宋濂等：《元史》卷一六二《史弼传》，中华书局，1976，第78页。

⑭汪大渊：《岛夷志略》万里石塘条，《雪堂丛刻》本，中华书局，2009，第358页。

⑮马欢：《瀛涯胜览》，广东人民出版社，2018，第564页。

⑯顾玠：《海槎余录》，转引自《纪录汇编》卷一六六，学生书局，1975，第43页。

⑰向达校注《两种海道针经》，中华书局，1961，第369页。

⑱张岳崧：《琼州府志》，海南出版社，2006，第79页。

⑲郭嵩焘：《使西纪程》上卷，朝华出版社，2018，第152页。

第二章 海南水下考古 与南海文物保护的发端

南海，地处我国大陆南部，是我国四大边缘海中最大的一个，海域浩瀚无际，总面积约为 350 万平方千米。海南省是我国海洋面积最大的一个省份，管辖的南海海域面积约 200 万平方千米。在辽阔的南海海域上分布着众多座岛、礁、沙洲等，似颗颗珍珠，散落在广袤无垠的热带海洋中，按其地理分布方位可分为西沙、东沙、中沙和南沙四大群岛，统称南海诸岛。

据有关古代史籍记载，早在东汉时期，人们依据南海海水的潮汐现象，将其称为"涨海"（东汉·杨孚《异物志》），后又根据观察到的自然地理现象，把南海诸岛称为"崎头"或"珊瑚洲"，这是目前我国对南海及南海诸岛发现和命名的最早记录。大量的历代史籍详细地记载了我国人民最先开发经营南海与我国政府最早对南海诸岛实施行政管辖和行使主权的历史事实。因此，世世代代的中国人把南海称为自己的"祖宗海"。

南海，因所处的地理位置独特，一直是古代中国海上丝绸之路的大通道，犹如一座"海上天桥"，架起了一条古代旧大陆各国及地区间人民进行物质文化交流的友好通道。西沙群岛是位于南海诸岛偏西部的一个大群岛，地处连接太平洋、印度洋的海上交通要冲，是古代我国大陆远航海外的必经之地。西沙群岛海域也是我国与中南半岛、南洋群岛及印度洋沿岸各国和各地区间进行经济往来的一条重要商贸航线，是处于南海丝绸之路上的一条黄金航道。从汉代起，我国人民开辟了途经南海的海外贸易交通线，历经隋、唐、宋、元等历史时期不断兴盛发展。

明代，郑和船队七下西洋，遍历亚非 30 余国，远达波斯湾、非洲东岸和红海等地区，举世闻名的海上丝绸之路达到了空前繁荣的阶段。清代时，海上丝绸之路已逐渐衰退。在海上丝绸之路南海航线这片广阔海域遗留下的丰富的我国历代文化遗产，是见证我国最早开发经营南海诸岛的珍贵实物资料，具有十分重要的研究价值。

一、1974 年第一次西沙文物调查

海南建省前，隶属广东省管辖。早在 20 世纪 70 年代，广东省文物管理部门就组织业务人员对西沙群岛部分岛礁开展文物调查，拉开了西沙考古的帷幕。1974 年和 1975 年，由广东省博物馆与广东省海南行政区文化局业务人员组成的联合考古调查组，先后两次前往西沙群岛进行文物调查，取得了一定的考古成果。在部分岛礁上发现一些文物点和文化遗迹，采集到较为丰富的文物，主要有陶器、瓷器、铜器、铜钱及石雕制品等。在发现的这些遗物中，有些是古代人们在个别岛屿上生活居住所保存下来的，有的则是我国古代船舶航行至西沙群岛附近海域时不幸触礁沉没后所遗留下来的。这些考古发现，为了解西沙群岛的历史变化及古代海上丝绸之路的发展历程提供了比较重要的信息。

1974 年 3～5 月，广东省博物馆和广东省海南行政区文化局业务人员联合组成考古调查组，开展了西沙群岛第一次文物调查[①]。调查组先后对西沙永乐群岛和宣德群岛的部分岛屿进行了考古调查，并在永兴岛、金银岛、珊瑚岛、晋卿岛、全富岛等 7 座岛礁上采集有宋、元、明、清各代的瓷器 30 余件，釉色有青釉、青白釉、青花等，器形主要有碗、罐、壶、洗、盘、杯、碟等。这些瓷器都是我国广东、江西、浙江、福建、湖南等地民窑烧造的产品。

考古调查期间，在甘泉岛上发现了一处古代居住遗址，位于岛边沙丘内侧斜坡上。经对遗址进行试掘，出土 30 多件陶瓷器，另有少量刀、凿铁制工具与食用后遗弃的鸟骨、螺壳等遗物，以及经火烧后的炭粒灰烬等。瓷器中有少量唐至五代的青釉罐，还有较多宋代青白瓷罐、瓶、碗、碟、盒等。从其胎质、釉色、器形、纹饰图案来看，初步判断其与广州西村皇帝岗北宋窑址[②]、潮安笔架山北宋窑址[③]烧制的瓷器基本一致。经对发掘出土的唐宋时期生产生活遗物及相关遗迹的初步分析，推测这里是经过较长期生活而遗留下来的一处古代居住遗迹，发现的瓷器、铁器等遗物应是居住在这里的主人从广东地区所携带来的日常生活器皿和生产工具。

据渔民所提供的文物线索，还在北礁东北礁盘边缘发现一处明代沉船遗址，采集出水汉至明的历代铜钱近 400 千克及少量铜镜、铜剑鞘、铜锭等遗物。其中，铜钱 80000 余枚，为自新莽至明代初期的历代铜钱，品种多达 78 种。其中，洪武通宝 3000 余枚，永乐通宝 50000 多枚。因长期浸泡在海水中，有些钱币已与珊瑚石胶结在一起，但大多数钱币的钱文仍然清晰可读。

这次调查中，在珊瑚岛、甘泉岛、琛航岛、广金岛、永兴岛、北岛、赵述岛、东岛等地还发现了 13 座明清至近代的珊瑚石小庙，有的小庙还留有佛像和一些陶瓷器供器。

二、1975 年第二次西沙文物调查

1975 年 3～4 月，广东省博物馆和广东省海南行政区文化局又组成考古调查组，第二次进行西沙文物调查。此次调查的重点是对甘泉岛唐宋时期居住遗址再次进行发掘，最终发现了部分文化遗迹和遗物④。出土陶瓷器、铁工具、铜饰等文物 78 件，其中陶瓷器在釉质、器形、纹饰等方面与 1974 年试掘出土的器物是完全相同的，器形主要有罐、碗、瓶、钵、杯、盏、盒和器盖等。其中，对少量青釉器物的釉色、造型、制作风格等作了初步判断，应与广东英德浛洸镇南朝隋唐墓出土的器物相近⑤，当属唐至五代时期遗物。

此外，还在北礁、北岛、南岛、金银岛、南沙洲等 11 处岛、洲、礁盘上采集到部分遗物，主要包括古代陶瓷器 2000 余件。其中，在西沙群岛北礁礁盘上发现了数量较多的我国历代陶瓷器，有上千件，器形品种繁多，主要有青釉、龙泉青釉、青白釉、白釉、蓝釉和青花瓷器等。出水的有南朝青釉六耳罐、小杯，唐代青釉小碗，宋代青白釉大盘和青釉碗，元代青釉碗和青花小罐盖，明代青釉碗和蓝釉小杯，清代青花碗、盘、碟、杯、瓶等。另有少量泥质陶器和釉陶器。这些陶瓷器的年代上自南朝，下至近代，基本上各朝各代都有，皆产于我国广东、福建、江西、浙江、湖南和广西等地的民窑⑥。另在北礁还发现了少量明代铜钱、铜锭、残铜镜等遗物。

在其他岛礁上还采集有清代铜器座、铜熨斗、石狮、石板、石柱、石磨等遗物。

三、1996 年西沙文物普查

1988 年，海南建省。作为一个海洋大省，海南省文物管理部门在着手制定全省文物工作规划时，十分重视海洋考古，把南海考古、民族考古和边疆考古列为海南省十分重要的 3 项文物工作。其中，西沙群岛考古被列为南海考古的重点项目之一。彼时，水下考古事业在我国也刚刚开始起步，并在中国历史博物馆（2003 年和中国革命博物馆合并组建成中国国家博物馆）设立水下考古学研究室（今中国国家博物馆水下考古研究中心），负责承担全国的水下考古任务，由此正式揭开了我国水下考古的序幕。随着在沿海地区一系列水下考古调查和发掘工作的开展，我国水下考古工作者逐步摸索和积累了一定的水下考古方法和经验，这为全面启动南海诸岛考古项目提供了良好的条件。

20 世纪 90 年代，国家文物局在拟订我国水下考古"九五"工作规划时，已正式把我国南海诸岛考古列为重要的项目之一，并明确提出从 1996 年开始，有计划、分步骤地对南海诸岛所属的中沙、西沙和南沙群岛进行文物普查和水下考古。与此同时，海南省文物管理部门正在制订全省海洋考古工作计划，也提出了先在南海西沙群岛开展文物普查的建议，这正符合国家文物局规划中的"中国南海诸岛考古项目"的要求。在国家文物局的支持和积极协调下，海南省文化广播体育厅（今海南省旅游和文化广电体育厅）与中国历史博物馆进行了充分协商和认真研究，并联合向国家文物局正式申报首先在西沙群岛实施文物普查项目的计划。

1996 年，经国家文物局批准和组织，由海南省文化广播体育厅与中国历史博物馆共同牵头，联合组成了由中国历史博物馆水下考古学研究室、海南省文物保护管理办公室、海南省博物馆、广东省文物考古研究所等单位的 14 个考古专业人员和 1 名新华社记者参加的文物普查队，于同年 4 ～ 5 月对西沙群岛进行了全面的文物普查及水下考古调查。这次西沙文物普查是实施我国南海诸岛考古项目的第一步，也是首次进行远海考古的一次探索性活动。文物普查队分为岛礁考古和水下考古 2 个调查分队，整个普查工作历时近 30 天，航程近 900 海里，普查队员几乎踏遍了西沙群岛所属的绝大部分岛屿、沙洲，调查足迹所至之处，都发现了一些我国古代陶瓷器遗物及文化遗迹。

西沙文物普查采集和出水文物共计 1700 余件，以瓷器居多，釉色主要有青釉、青白釉、白釉、青花等，器形多为罐、壶、盘、瓶、洗、碗、杯、碟、盅、盒等，时代大都属宋、元、明、清，直到近代都有，其中又以宋、清两代的瓷器为主。从瓷器釉色、器形特征、纹饰图案等方面来考察，多为广东、福建、江西、浙江等地民窑所烧制的产品。

1. 西沙岛礁陆域调查

为了保证此次西沙文物普查任务的圆满完成，考虑到有关交通、安全、后勤等方面的现实因素，在琼海市政府及潭门镇政府的大力协助下，最终选租曾远赴南海海域进行捕鱼作业的琼海市潭门港"琼海 00389 号"机动船作为进行文物普查的交通工具。同时，驾驶该船的渔民船长也比较了解西沙群岛海域许多岛礁的水流海况，并掌握了一些岛礁的水下文物线索，这十分有利于此次普查工作的顺利开展。

按岛礁的分布地理形势，西沙群岛可分为东面的宣德群岛和西面的永乐群岛，这两大群岛又包括许多座岛、礁、沙洲。因此，根据这里岛礁分布的具体地理情况，并结合此次文物普查工作任务，普查队认真详细地制订了具体的考古调查路线。1996 年 4 月 27 日，"琼海 00389 号"文物普查工作船从潭门港正式启航，前往西沙海域，开始了考古调查活动。文物普查队分为岛礁考古和水下考古 2 个调查分队，并依先远后近的普查路线，先期调查在宣德群岛海域分布较相近的赵述岛、西沙洲、北岛、中岛、南岛、中沙洲、南沙洲、北沙洲、东新沙洲、西新沙洲、永兴岛、石岛等岛、洲，后南下驶向东岛、浪花礁调查；接着西行前往永乐群岛海域，沿途调查华光礁、中建岛、珊瑚岛、甘泉岛、金银岛、羚羊礁、鸭公岛、全富岛、银屿、银屿仔、咸舍屿等岛、礁；再继续北进驶入北礁海域进行水下考古。时因热带风暴袭来，为暂避风暴灾害，只能南下驶入琛航岛，顺道经广金岛、晋卿岛也进行了考察。同年 5 月 24 日顺利返回潭门港，西沙文物普查工作队终于凯旋。

其中，复查和调查发现了 20 余处岛屿文物点，在甘泉岛、赵述岛、金银岛、北岛、晋卿岛、南岛、中建岛、广金岛、珊瑚岛等岛、洲的 15 处文物点，采集到

1300 余件文物。此外，还复查和试掘了甘泉岛唐宋居住遗址，出土了少量宋代泥质灰褐陶擂钵残件，并采集了一些青釉瓷片等遗物。

2. 西沙水下考古调查

依据 1996 年西沙群岛文物普查工作方案，在这次普查工作中，普查队在实施岛屿、沙洲陆地调查的同时，也对部分岛礁海域进行了水下考古调查。其间，以中国历史博物馆水下考古学研究室专业人员为主的第二分队队员主要承担了水下考古任务，先后在浪花礁、华光礁、金银岛、羚羊礁、珊瑚岛、北礁等岛、礁近旁礁盘上开展了水下考古调查。根据西沙岛礁海域海水清晰度较好的情况，在水下考古时，主要运用了拖拽搜寻和自由搜寻两种水下考古调查手段相结合的工作方法。同时，还对发现的水下古遗迹和遗物进行水下摄影、水下摄像和水下测量、绘图等技术工作，以获得水下考古现场遗存下来的历史文物信息。首次在西沙海域进行的远海水下考古取得了较好的成果，也达到了预期的工作目标。

在这次西沙水下考古调查中，发现了部分古代文化遗迹，其中，有 10 处水下遗物点和 1 处古代沉船遗址，打捞出水文物 400 余件，主要是陶瓷器及少量石制品、石雕建筑构件、铁器和青砖等遗物。

较重要的考古发现，是在华光礁和珊瑚岛的水下礁盘上各找到一处古代遗迹。其中，在华光礁西北礁盘上散布有许多古代遗物，根据陶瓷器分布的范围和保存情况，初步推测这应当是一处已遭到破坏的古代沉船遗址。另在珊瑚岛东北深约 5 米（高潮位）的礁盘上发现有散落的一批石雕制品，主要有石雕人像、石板、石柱、石条、石斗拱、石柱础等，应是属于一处古代沉船上销往海外的建筑商品。从石雕制品的形制特征、加工技法及类型组合等方面情况作初步推断，当是清代福建或广东地区工匠所制作的产品。这可能是当时侨居在东南亚国家和地区的华人为在当地建造庙宇或宗祠，而从国内专门定制的修建大型构筑物所使用的建筑材料。

水下考古调查时，还在北礁西北礁盘上找到 5 处遗物点，发现了古代沉船遗留下来的上百件陶瓷器遗物，均为我国明清时期内地的民窑产品。另在金银岛西南沙滩上也打捞出水明清时期 120 余件青花瓷器，器形主要有碗、盘、碟、杯、勺等，产于广东、福建等地的民间窑场。

在西沙群岛水下考古调查中，于部分岛礁礁盘上发现较多的陶瓷器应是我国古代沉船所留存下来的遗物，都为我国内地民窑所烧造。

1996年西沙文物普查是具体实施的南海诸岛考古项目中较成功的一次考古工作，也是我国考古专业人员首次前往远海岛屿进行的考古实践活动，并获得了较为重要的考古收获。其间，尤其是对部分岛礁开展的水下考古调查，在一定程度上丰富了对西沙群岛海域水下文化遗产分布情况的认识，也为今后在远海进行专项水下考古调查和发掘提供了有益的实际经验。同时，发现的众多古代文物是我国人民最早发现南海诸岛的历史见证，它有力地证明了西沙群岛自古以来就是我国神圣领土不可分割的一部分。开展南海西沙群岛考古及其研究工作，既有重大的学术意义，又有特殊的现实意义。

四、结语

西沙文物恰如海上丝绸之路上的颗颗明珠，闪耀着古代我国人民创造文明的灿烂光辉，它从一个历史侧面，展示出海上丝绸之路发展的繁荣兴盛景象。当前，国家正大力建设"一带一路"宏伟蓝图，也逐步从海洋大国走向海洋强国。我国正处于加强海洋资源保护和利用的重要时刻，因而十分重视对在南海"祖宗海"内遗留下来的历史文化遗产的保护，这也是当下海南省文物工作中一项非常迫切而又十分重要的任务。目前，海南省文物管理部门正与三沙市人民政府进行联合协调，积极在西沙群岛海域开展水下文化遗产巡查及文物执法督察工作，进一步加强文物保护和管理力度，努力保护好"祖宗海"内遗留下来的珍贵历史文物遗产。

【注释】

① 广东省博物馆：《广东省西沙群岛文物调查简报》，《文物》1974 年第 10 期。

② 广州市文物管理委员会编《广州西村古窑遗址》，文物出版社，1958，第 256 页。

③ 广东省博物馆编《潮州笔架山宋代窑址发掘报告》，文物出版社，1981，第 111 页。

④ 广东省博物馆、广东省海南行政区文化局：《广东省西沙群岛第二次文物调查简报》，《文物》1976 年第 9 期。

⑤ 徐恒彬：《广东英德浛洸镇南朝隋唐墓发掘》，《考古》1963 年第 9 期。

⑥ 广东省博物馆、广东省海南行政区文化局：《广东省西沙群岛北礁发现的古代陶瓷器——第二次文物调查简报续篇》，载文物编辑委员会编《文物资料丛刊（6）》，文物出版社，1982，第 151—158 页。

第三章 海南水下考古与南海文化遗产保护进展

一、三沙历史文物概况

1. 建省以来的考古工作

在海南建省前，广东省文物部门分别于 1974 年、1975 年开展西沙文物调查工作，调查了永兴岛、甘泉岛、金银岛、全富岛等岛屿，在甘泉岛发现并发掘了一处唐宋时期我国先民的居住遗址。1988 年海南建省后，西沙水下考古与文物调查不断加强。1996 年、1998 年分别对西沙群岛全域进行了文物普查工作，采集和打捞出大批文物标本。1998—1999 年实施的西沙水下考古项目，进行了华光礁 I 号南宋沉船遗址发掘，这是我国第一次在远海进行的水下沉船考古发掘工作，该项目又分别于 2007 年和 2008 年进行了第二次和第三次发掘。2013 年，首次开展南沙群岛水下文化遗产调查，历经永暑礁、渚碧礁、美济礁。2015 年，再次对西沙珊瑚岛 I 号清代沉船遗址进行水下考古发掘。2017 年，对西沙北礁、永乐环礁、华光礁、金银岛进行了水下文物核查。2018 年，联合中国科学院深海科学与工程研究所开展了首次南海海域深海考古调查，成立了深海考古联合实验室。

2. 三沙市现有文物保护单位

截至 2018 年，经考古调查确认的三沙文物点共 112 处。其中，已公布为全国重点文物保护（简称"国保"）单位的有 5 处，分别是甘泉岛唐宋居住遗址、北礁沉船遗址、华光礁沉船遗址、珊瑚岛沉船遗址、金银岛沉船遗址；省级文物保护（简称"省保"）单位 8 处，分别是南沙洲沉船遗址、玉琢礁沉船遗址、浪花礁沉船遗址、永兴岛史迹、甘泉岛永兴岛兄弟庙、石屿沉船遗址、银屿沉船遗址、原西南中沙群岛办事处七连屿村委会旧址。

3. 三沙文物和南海历史文化遗产的价值

南中国海，简称南海，地处我国大陆的南部，是西太平洋与亚洲大陆连接的陆缘海，是太平洋与印度洋之间的重要海上通路，是海上丝绸之路传统航线的必经之地。历史上，在南海海域因海难而沉没埋藏着大量沉船遗址和遗物，成为航海先民遗留下来的不可再生的文化遗产。众多三沙文物是我国先民开发利用南海的智慧结晶和历史物证，也直观地反映了东西方文明跨海区的和平交流交往。今天，保护三沙文物和南海文化遗产就是要尊重历史、传承文明、继往开来。加强并改进三沙文物和南海文化遗产保护利用，已经成为新时期维护国家领土主权和海洋权益、维护文化安全的重要内容。

4. 存在问题

南海海域辽阔、文物众多，各级政府投入虽然不断增加，但仍然不足，历史积欠和研究空白较多。三沙市设市不久，缺乏专门的文物保护行政管理部门和专业的文化遗产研究保护机构。渔民的传统作业方式对水下文物造成干扰，部分渔民受经济利益驱使故意盗捞造成无法修复的破坏。各级政府部门和社会公众对三沙所辖南海诸岛的历史地位与文化价值认识不足，纪念传承展示传播不够。

二、南海重要海洋文化遗存与价值阐释

1. 全国重点文物保护单位——北礁沉船遗址群（唐至清）

北礁沉船遗址群位于海南省三沙市西沙群岛北部的北礁东北礁盘上。自唐代起，它就是海上丝绸之路的必经之地，历经宋、元、明、清。1974 年、1975 年，考古队对北礁一部分沉船遗址进行了水下发掘；1996 年、1998—1999 年，我国西沙考古队又多次对北礁沉船遗址进行了调查和发掘等考古工作。共发现 35 处沉船遗址或遗物点，打捞起 3000 余件自唐起至清的陶瓷器和大量的历代铜钱、铜器、铜锭、石制品等遗物。

北礁作为海上丝绸之路南海段的重要节点和地望，是南海传统航线的必经之地，古代航船往来于此，帆影重重。北礁发现的沉船遗址及大量的船载文物，从不同方面反映出古代中国南海航路的兴盛、海上丝绸之路中外贸易交往的繁荣，展现了我国古代航海技术的高度发展水平。

2. 全国重点文物保护单位——珊瑚岛沉船遗址（宋至清）

珊瑚岛沉船遗址位于海南省三沙市西沙群岛永乐环礁。经考古调查，在珊瑚岛东北礁盘约 5 米深的水下发现 3 处遗物地点，其中 1 号和 3 号遗物点主要是陶瓷器，2 号遗物点是石雕建筑构件。1 号遗物点出水的陶瓷器约 100 件，几乎都是宋代民窑生产的，瓷器有青釉和青白釉 2 种。2 号遗物点为一处沉船遗迹，散落有许多形状各异、品种较多的石雕构件，从造型风格上看当属清代。

珊瑚岛 I 号沉船遗址确认于 2010 年，2012—2014 年对其进行了水下考古调查，2015 年对其进行了水下考古发掘。沉船遗址位于珊瑚岛东北方向 1000 米左右的海域内，遗址海底为板结较硬的珊瑚和珊瑚沙，有少量礁石，海床高低起伏不平，多条南北向的冲沟穿过遗址。北部较深，最深处约 5 米（高平潮），南部较浅，靠近珊瑚岛礁盘处深度约 1 米（高平潮），高平潮与低平潮潮差为 1 米左右，遗址南部近礁盘处低平潮时部分位置已经露出海面。

经水下调查和发掘，珊瑚岛 I 号沉船遗址暂未发现船体，以石质雕刻建筑构件为主要堆积，另发现有少量青花和白釉瓷片，水下文物集中分布在两条南北向的冲沟内和冲沟之间的海床上，集中分布范围东西宽约 40 米，南北长 60 米。遗址现存大小石构件共计 274 件，可以分为石像、石板、石条、石柱础、石柱、擂钵、石杵等七大类。

初步判断，该沉船为一艘专门运输石雕文物与建筑构件的清代远洋运输船。这批石雕文物与建筑构件并非传统的外销货物，而是运往东南亚建造祠堂庙宇等大型公共建筑的，与明清时期华人华侨下南洋的开发移民史密切相关。

3. 全国重点文物保护单位——甘泉岛唐宋居住遗址（唐至宋）

甘泉岛位于海南省三沙市西沙群岛永乐环礁西部，渔民俗称"圆峙"，以井泉甘甜著名。1974 年、1975 年、1996 年，分别进行了调查和发掘，共发掘出土和采集了唐宋时期的陶瓷器等文物近 130 件。这些瓷器全都由我国内地（广东、福建等地）的民窑烧造生产，且几乎都是残片，数量不多，品种复杂，不少质地比较粗糙的碟、碗、瓶、罐，显然是我国居民的日常生活用品。而铁锅口沿的发现，更是他们在岛上生活、居住的见证。

西沙甘泉岛遗址的发现，从地层学和出土文物证明，早在唐宋之际，已有我国沿海先民经由海路航行到此，并在此居住、生产、生活，从而留下这批遗物。甘泉岛地理位置重要，航线密集交汇，又拥有天然淡水和植被，是海上丝绸之路南海段的重要节点、地标，是往来于此海域的船民渔民的避风、补给、避难之地和季节性居住地。

第四章 三沙市岛礁文物遗存与重点文物保护单位

一、重点文物的保护现状与规划

1.永兴岛历史遗迹

其一，永兴兄弟公庙，始于明代，原庙已毁，现存建筑为 20 世纪 90 年代重修，不属于文物建筑。但是原址重建、香火不断，体现了海南渔民世代开发西沙的历史和海洋群体信仰，应予保护和研究。

其二，法国教堂和日本炮楼，先后建于 20 世纪 30 年代，侵华历史罪证，始终向后人警示着战争的苦难和国家的耻辱。两处均属海南省重点文物保护单位，已进行修复和展示。法国教堂周边环境需整治，并进行展示说明。

其三，收复西沙群岛纪念碑，立于 1946 年，是抗日战争胜利后中华民国海军舰队收复西沙所立，象征着中华民族的崛起与复兴。该处属于文物，已进行展示，建议公布为全国重点文物保护单位，加大研究和展示力度。

2.甘泉岛近现代遗迹遗物

甘泉岛上近现代法据、日据时期的建筑遗迹和遗物，予以原址保留和展示。它们客观反映了在近代和抗战时期，法国和日本先后对西沙群岛的侵占和控制。以史为鉴，民族的耻辱和苦难，前事不忘，后事之师。

3.珊瑚岛Ⅰ号沉船遗址

经过科学的水下考古发掘和研究，确认沉船为清代商船，满载各类石雕构件类文物，这些构件用于修建祠堂庙宇，与下南洋的华侨移民历史密切相关。

遗址位于珊瑚岛东北侧礁盘内，水深 3～5 米，珊瑚礁生态保存较好，水下石雕文物星罗棋布，已与珊瑚礁共生几百年，融为一体。将公布该遗址为水下文物与珊瑚礁保护展示区。拟针对科研人员和高端游客，开辟水下遗址生态博物馆，人们可通过浮潜或水肺潜水，在水下近距离体验珊瑚礁生物群、参观沉船文物。

二、个案——甘泉岛唐宋遗址保护与甘泉岛整体规划

海上丝绸之路南海航段，简称"南海丝路"，其中有个重要的西沙驿站——甘泉岛。甘泉岛由于独特的岛礁地质构造拥有了天然的地下淡水。经考古发掘和研究，自唐宋以降，我国先民持续地在甘泉岛及永乐环礁生产生活，遗存的唐宋居住遗址已公布为全国重点文物保护单位。

西沙群岛海域现已发现 100 多处水下沉船遗址或遗物点，证明自唐代以降，随着海上丝绸之路外沟航线的开辟，西沙海域古航线密集，航路繁忙持续至今。航线即航路，类似驿道，甘泉岛则是驿道上的重要一站。在这里，途经的中外官商民船靠泊于此，汲水采薪，补给淡水、避风避难，季节性居住。在这里，我国先民最早发现、开发并持续利用。同时，中外船只在此和平相处，海上互助。这体现了我国先民冒险开拓的精神和包容大气的胸怀。进而言之，千百年来，中国南海是繁荣、和平、交流、开放之海，一艘艘中外帆船航行在西沙海域，架起了东西方文明沟通的海上桥梁，意义非凡。

1. 整体规划

甘泉岛要作为一个岛屿整体来通盘考虑。例如复原甘泉岛的码头、栈桥，从坚固耐用考虑，可以用钢筋混凝土来建设，但是外表就应选择珊瑚石、老船木、麻绳等具有历史感的装饰，让人们在登岛时就有强烈的历史厚重感，让整个岛具有可识别的热带岛屿特色。

2. 修旧如旧

"修旧如旧"是文物修复的原则。例如水井，砖砌的井壁、水泥地面等后期干扰材料都要去除，以就地取材的珊瑚石、船木恢复历史面貌；岛上的道路，避

免使用水泥铺装，尤其是连接各文物点的故道，必须保留珊瑚板结的原始地面，坑洼不平，体现先民开创之艰辛、筚路蓝缕，充满沧桑感。目前甘泉岛居委会的建筑整体不错，符合历史风貌，下一步的新建建筑要统一规划设计，并在选址前对地下文物进行考古勘探和发掘。另，去掉现有的瓷砖地面，考虑用珊瑚石垒边墙、用海南本岛火山石铺装地面。墙壁建议选择木材，木质墙面用有历史感的老船木，再嵌入具有渔民特色的装饰，例如船桨、罗盘、舵、指南针、风帆，唐宋航海元素、热带海岛元素都要利用融入。

全岛的标识系统，例如树木说明、道路系统、地名碑，都要去掉水泥瓷砖，不能用塑料、玻璃钢等，应采用老船木、珊瑚、海南本岛火山石等材质。结合西沙出水出土的各类文物，综合考虑开发文化创意产品。新建建筑、码头严格控制建设规模，风格风貌参照历史文献予以复原。

3. 同饮"甘泉"

①对现存水井的口、底、壁和地面进行修复，对取水方式和器具进行复原展示。让登岛者用传统的方式取水，同饮古井"甘泉"。淡咸水略涩，让人体会西沙航行之艰难、先民开拓之艰辛。②根据淤积物测年，确定水井开凿的年代。③继续研究甘泉岛水源分布和聚落遗址的关系。

4. 核心保护

国保单位唐宋居住遗址现已被植被覆盖，根据最小干预原则，予以原址保护、现状保护，用木质栅栏将核心保护区圈围，进行水土保持和周边环境整治。设置展示说明牌，介绍遗址的年代、历史和内涵。在核心保护区外围，审慎选址复原唐宋居住遗址古建筑，如驿亭。驿亭应符合唐宋时代特征和华南沿海建筑特点。此外，复原展示船民渔民的生产生活，纪念我国航海先民的冒险和开拓精神，以天地为幕，建考古遗址公园，实现历史与现实的交汇，引起大众共鸣、心灵共振。

第五章 | 西沙永乐环礁的历史地位和甘泉岛的驿站功能

在海上丝绸之路南海航线中，西南中沙群岛是必经之地的重要节点，这条航线历经千年，有无数商船在这繁忙的航线上往返。其中有一小部分因天气、风暴等影响，发生触礁、搁浅等海难。货物因此沉入海底成百上千年遗留到现在，变成非常珍贵、不可再生的文化遗产。虽然这些水下沉船文物离现在已经过了千百年，但这样一个时间段对于地球自然史和海区来说，是一个非常小的时间刻度。千百年来这片海区的季风、海流潮汐规律没有太多变化，航海经验一代又一代地相互传承，通过现代方法的研究、探索和发现，我们可以来了解、见证和复原这段航海历史的荣光。

2000 多年来，我国与世界 60 多个国家和地区通过海上丝绸之路进行贸易往来和文化交流，推动了沿线各国（地区）的共同发展。在唐朝中期以前，我国对外主要通道是陆上丝绸之路，之后由于战乱及经济重心转移等，海上丝绸之路取代了陆上丝绸之路。海上丝绸之路形成于秦汉，发展于魏晋，繁荣于隋唐，宋元达到鼎盛，明清由盛至衰。海上丝绸之路从我国东南沿海，经过海南岛和南海诸国，穿越印度洋，进入红海，抵达东非和欧洲，是我国对外贸易往来、文化交流极为重要的商船通道、历史航道和文化渠道。海南与南海，则是联结海上丝绸之路极为重要的中转站，是海上丝绸之路的航道枢纽。

海上丝绸之路的开辟，最早可以追溯到汉代，早期的海上丝绸之路，受航海技术、造船技术以及导航技术等所限制，传统航线是沿着大陆海岸线阶梯型航行，也就是通常说的"梯行"。直到唐代舵桅帆船的出现，造船技术有了进一步提高，尤其是宋代水密隔舱技术和指南针广泛应用于航海，加上历朝历代航海先民的开拓，航海经验不断地积累和传递，航海先民开辟出了从华南沿海直穿海南岛东部经由南海诸岛到达南洋各地的航线，由阶梯型内沟沿岸航线航行发展到外沟航线直航航行。

一、外沟航线与南海明珠

从汉代开始或起源于更早，早期海上丝绸之路都是阶梯型沿海岸线航行，随着技术的进步和经验的积累，航海先民们开辟出外沟航行直航航线。据慎懋赏《海国广记》记载："正统六年（1441 年），给事中舒行人吴惠，于十二月二十三日，发东莞县，廿四日过乌猪洋。廿五日过七洲洋。瞭见铜鼓山，廿六日至独猪山。瞭见大周山，廿七日至交趾界。"[①]

先是从我国华南沿海经过海南岛东部——文昌东北部的"七洲洋"（又叫"九州岛"，唐代叫"九州岛石"，元明时又称为"七洋洲""七州洋"，现为"七洲列岛"）。南宋王象之《舆地纪胜》中载："七星山，在琼山县东，文昌县界海滨，状如七星；七星岭，在文昌县近海岸，其势如连珠。前者位于海洋中，后者位于近岸陆地，大小十余峰相连，其中七峰独高，似七夕星斗。"[②]明正德年间唐胄《正德琼台志》也记载称："七洋洲山在（文昌）县东大海中……"[③]七洲列岛位于现海南省文昌市东北部海域，由 7 个岛群组成。其分布海域为 $19°52'N \sim 20°N$，$111°11'E \sim 111°17'E$，这个区域就是传统外沟航线在海南本岛最北端的一个节点。

再从七洲列岛经过"铜鼓山"（即"铜鼓岭"）、宝陵港到宝陵河口，进入琼州府地界。顺风南下进入海南岛东南部万州府的"独猪山"、"大周山"（现为"大洲岛"）。七洲列岛和大洲岛是海南岛东部外沟航线非常重要的 2 个节点，分别在海南岛的东北和东南侧。从大洲岛再往南即进入唐代振州，宋代崖州、吉阳，即现在的三亚市范围。最后从海南岛最南端的崖州出发往南行，就进入了西南沙群岛海域，也就是现在三沙市管辖的范围。

三国康泰在《扶南传》中描述道："涨海中，到珊瑚洲，洲底有磐石，珊瑚生在其上也。"④"涨海"指的就是南海。南宋赵汝适《诸蕃志》中说："南海之东则千里长沙，万里石塘，茫茫无际，水天一色。"⑤这里的"千里长沙"指的就是西沙群岛，"千里长沙，万里石塘"也是对西南沙群岛景观的描述，这些都是海上丝绸之路南海航线的重要节点和地标。航线就是驿道，岛礁就是驿站，是重要的航行参照地望和补给地点。

我国古代地理学家和史学家们，在很早以前就已经对南海有了客观的认识。称华夏海之南为"南溟"，"南溟之中有奇甸"，说的就是在南海之中有一片神奇的陆地。"南溟奇甸"就是指称包括海南本岛在内的南海诸岛。明代丘濬《南溟奇甸赋》和王佐《南溟奇甸歌》都从自然、人文和历史各个方面阐释了"奇甸文明"的特色，这也是"奇甸文明"最早的集中描述和表观。所以，西南沙群岛历史上就是我国固有的海上疆域，西南沙航线则最晚从唐代开始就是海上丝绸之路外沟航线的必经之地。

二、海上丝绸之路必经驿站

据《旧唐书》记载，从唐朝起，我国政府开始正式管理海南岛以南海域。古代这里被称为"千里长沙"，是海上丝绸之路南海航线的必经之路。千百年来，中外贸易商船往返非常密集繁盛。北宋地理学家朱彧在《萍洲可谈》中说："船舶去以十一月、十二月，就东北风，来以五月、六月，就南风。"⑥商船在每年冬季十一月左右顺着东北季风，由东北往西南方向下南洋，经过海南岛和南洋诸国，穿越印度洋进入红海，抵达东非和西亚各国。等到第二年开春后五月份左右，当东北季风转向西南季风从印度洋吹向亚洲大陆时，商船们就顺着西南季风开始回帆我国。"刺桐花开空巢在，为等伊人返洋归"，古代泉州因环城遍栽刺桐树而得名，据乾隆《泉州府志》："泉州城，五代时留从效重加版筑，傍植刺桐……"⑦元代，意大利旅行家马可·波罗从泉州启航离开我国，在其《马可·波罗行纪》中，亦以刺桐（Zaitun）称泉州，泉州港也因此被称为"刺桐港"。每年五月份左右刺桐花开始开花，此时正值西南季风吹向亚洲大陆，下南洋的商船开始陆续回帆我国。

不管是下南洋还是回帆北归，都要经过海南的西南中沙海域，因为它是航线必经之地，也是地标地望参照物。如果没有这些参照物就容易偏航或定位错误。航海者在一望无际辽阔浩瀚的海洋上航行，很难知道已经走到哪里，因此这些参照物对航海者是非常重要的。古代航海者没有大比例的高清地图、没有 GPS（全球定位系统）坐标定位，只有简单的手绘地图，所以每到一个地方，都必须用一些标志性的地标、地望参照物来帮助识别定位判断。

自古以来行船半条命，在海上航行危险性非常高，海洋里有太多的未认知和不可控，洋流、潮汐、风浪、漩涡都是瞬息万变的。比如你在陆地上看见对面有座山，顺着这条路走就可以到达；在海上就不一定，你可能看见岸了，但受水流和阵风的影响，就是没办法靠岸。很重要的一点是，以前的风帆木船都是没有机械动力的。

三、沉船印证永乐环礁在航线中的重要地位

海南岛和西南沙群岛在历史上一直是海上丝绸之路的重要海区和航海线路必经之地、交通咽喉处、物资中转站、淡水补给地。在历代的文献中都有记载，如《山海经·大荒南经》中载："南海之外，赤水之西，流沙之东，有兽……南海之中，有汜天之山……"⑧有关研究表明，冰期南海海平面比现在低，现在的许多暗礁、暗沙，当时都是露出水面的岛屿，史前航海先民经由南海往返于东南亚群岛、大洋洲与印度洋沿岸各地。

产生于明清的《更路簿》是我国沿海渔民的航海针经书，它详细记录了西南中沙群岛各岛礁名称、准确位置和航行针位（航向）、更数（距离），标明了航行到西南中沙各岛屿的主要航线和岛礁特征，还记录了南海诸岛各海域主要的物产。其描述生动翔实，具有非常重要的文献价值和历史意义，是我国先民开发西南中沙群岛最直接的历史见证。再者，广泛分布于南海诸岛各海域的水下沉船文物，它们分布的区域、年代和船载产品，说明沉没海区都是重要航线的必经之地。

西沙群岛西侧的永乐群岛（北礁、华光礁、玉琢礁、永乐环礁、银屿、珊瑚岛、晋卿岛）以及东侧的宣德群岛（七连屿南沙洲、东岛）都有发现各个时代的沉船，最早的是唐宋时期，元、明、清一直到近代都有。沉船遗址货物种类繁多，出水文物主要是大量的外销陶瓷器和铜器、铁器、石构件、石人像，沉船本身的

木质构件、坠石、铁锚，包括一些船员日用品，如小碗、油灯、擂钵、石杵。一些有机质货物经海水冲刷浸泡后很难保存下来，如丝绸、布匹、茶叶、香料，被海水浸泡、阳光暴晒就慢慢分解了。陶瓷器、铁器、铜器、石质构件等是无机质，物理结构比较稳定，泡了几百年还能够保存下来。可以想象历史上这个航线有多么繁忙密集，因为沉船大体只是航线上往来船舶的 1/10，比如说 10 艘船在航线上航行，其中有 1 艘出于各种原因不幸发生海难沉没。到 21 世纪 20 年代初，经文物考古部门初步确认，仅在西沙海域水下沉船遗址就有 100 多处。这些文物遗存都含有大量的历史信息。

四、航海者又爱又恨的西沙海域

西沙海域是航海者又爱又恨的地方。爱的是这片海域是海上丝绸之路南海段航行的必经之地，是外沟航线直接出海远洋最近的航线。通过走西南中沙远洋出海，无论是走西侧中南半岛去日南、安南，还是往东去吕宋，往南走暹罗湾去马六甲，它都比传统阶梯型内沟航线航行的航程近、时间短、效率高。这就是商船选择走西南中沙航线的原因。

然而西沙群岛的珊瑚环礁发育的暗礁非常多，暗礁在潮涨潮落时无法看见它，涨潮时还可以有几米水深勉强行船，落潮时水就很浅，极易触礁。珊瑚石非常坚硬，木船如果不小心碰到，就可能发生海难事故。古代商船都是没有动力的木帆船，机动灵活性非常差，它主要是依赖风的速度和风向来控制船的速度、方向和机动。它不像现代有机械动力的钢铁船，动力强，机动灵活性高，不怕冲击，可以承受与珊瑚礁的硬碰硬。

既很需要航经此海域，同时又要冒很大的风险。这就是航海者对西沙海域又爱又恨的原因。

航海者虽对这片海域非常熟悉，知道哪些地方水浅有暗礁不能去，哪些地方可以通行，在正常的风速和风向下可以通过操帆控制船，但若是遇到风暴、台风、强对流等特殊天气，操控就会非常困难。操帆是非常复杂的，较大的海船一桅或多桅，通常需要多人合力操纵风帆。极端天气下，船员也知道这片海域航线应该往哪里走，但有时风暴会使船难以控制，把船吹送到礁盘上触礁搁浅。船只一旦进水沉没，只得弃船保命要紧。在这种情况下船员是可以逃生的，船只的搁浅沉没是缓慢的过程，同时要看水的深浅，西沙岛礁礁盘的几米水深对他们来说是如履平地，古代航海者都是浪里蛟龙，所以逃生上岸上岛是可能的。

五、永乐环礁的海区利用模式分析

1. 避难与季节性居所

甘泉岛位于 16°30′N、111°35′E，呈椭圆形，长约 730 米，宽约 500 米，面积约 0.30 平方千米，高出海面约 8 米，岛四周有沙堤，岛中间低平。有井 2 口，水甘甜可饮。岛上有麻枫桐、羊角树。东南侧有浅水码头，可供小船停泊。

甘泉岛是海上丝绸之路航线上的一个重要史迹点，商船一旦在西沙永乐环礁海域不幸发生海难事故，船只虽保不住，人却可以逃生到岛上避难，等待救援。

从古至今远洋航行风险都非常大，航海者都是有团队有组织的，不可能单枪匹马出海远洋。如郑和下西洋是明朝廷钦派，前后七下西洋，大小船只几百艘。而民间航海力量也不可小觑，每次远洋也是成群结队地航行，在航行中万一有哪条船发生不幸，船队和船主都会自救与互助。西沙海域能见度好，海水又非常清澈，大多数时间潮汐水流平缓，多数南海海域沉船都是因风浪而触礁沉没。礁盘水浅，船在下沉之前，会有一个缓慢的破解过程，船员就有充分的时间逃生。而迫使船舶偏航触礁的风暴、台风、强对流天气都是短暂的，通常也就一两天，待到风雨过后，还是得救人求生和抢救货物，尽量减少损失。船只倾覆没办法继续航行，就得先上岛等待过往船只救援。西沙航线非常密集，往来商船非常多，幸存者是有机会得到救援的。故而，在多年来发现的众多南海古沉船中，基本没有发现船员遗骸。

海难发生后幸存的船员避难上岛，首先要解决喝水问题。甘泉岛上有非常珍贵的天然淡水，有淡水就能够生存下来等待救援。船虽搁浅动不了，但船上一些必要工具和日常生活用品，可以用舢板运到岛上。有淡水再加上船上带来的生活用品，接下来就得解决吃饭的问题，毕竟上岛的有可能几人到几十人不等。俗话说"靠海吃海"，甘泉岛附近礁盘里有着成熟的海洋生态系统，珊瑚礁里有丰富的鱼、螺、虾等海产，可说是天然的海鲜食场。同时，岛上的植被茂密、海鸟众多，所以甘泉岛具备条件供人季节性居住或避难。

2. 甘泉岛上汲水采薪

淡水对航海者非常重要，古代商船通常只有几十吨到几百吨，上百吨的三桅杆帆船已经算大船，但船舱装水仍然非常有限。现代船舶几千上万吨，光水舱装水就几百上千吨，淡水可以敞开使用。但古代商船远洋航行，淡水非常紧张珍贵，水带少了不够用、水带多了货物装少了又不划算，更不可能全部装着淡水跑，所以货物装载时都要进行合理分配。在航行中沿途补给淡水也就非常重要，需要一站一站多次补给，不可能从始发到终点再补给。如宋代时从福建泉州港出发，若直接航行到新加坡或马来半岛再补给，那样淡水和食物供给肯定不够，必须得在沿途补给后方可继续航行。例如从泉州出发到广州补给一次，到海南再补给后再出发。补给的同时，伴随着人员的上下和货物的贸易。

甘泉岛地势中间低四周高，植被比较茂密，近乎一个椭圆形的漏斗状构造。当雨季来临时，自然把雨水集中沉淀起来，雨水渗透下地表后又跟周围海水有一个适当的隔绝，是一个天然咸淡水的特殊地质构造，这种地质构造跟南沙太平岛相似。西沙永乐群岛已知天然淡水主要在甘泉岛，南沙群岛已知天然淡水主要在太平岛。这两个岛的天然淡水资源，很早以前就被我们航海先民发现和认知，一直延续利用至今。一直到近代，受限于船舶吨位小、装载少，更没有海水淡化设备，远洋航行和岛礁渔业都要靠这些岛上淡水和收集的雨水。所以，甘泉岛是海上丝绸之路南海航线上非常重要的避风避难和补给点，其中最重要的就是补给淡水和薪柴。

3. 甘泉岛上考古发现与文物遗存

20 世纪 70 年代，广东文物专家在甘泉岛驻岛官兵的配合下，在甘泉岛北侧布设探方，进行科学考古发掘。他们在地层里发现了唐宋时期的居住遗址，出土了大量唐宋陶瓷器、铁锅残片以及其他生产生活用品。很多器皿已破损，铁锅灰非常厚、有明显的火烧使用痕迹。这些遗迹遗物都是先民居住生活之后遗留下来的，从地层堆积的厚度，可以推测他们在甘泉岛上活动了相当长的时间。发现的最早的有唐宋时期遗迹，然后还有元、明、清以及近代居住痕迹。这说明了自古以来甘泉岛的重要性。历朝历代的先民们为什么都要选择甘泉岛？因为它具备天然淡水和良好生态等适宜居住的条件，在永乐环礁诸岛屿中条件优越。对比一下，如鸭公岛，没有天然的植被，也没有天然的淡水。

总之，甘泉岛出土的文物表明，至少从唐宋时期开始，我国先民就已经在这里活动，并为往来船只提供淡水，让人们避风避难、季节性居住。

六、甘泉岛的保护

如今的永兴岛经过后来的建设和改造，变得非常大且现代化。而甘泉岛还是一直保持原样没有改变，四周礁盘比较短浅，只有舢板才能进，大船只能在永乐环礁的潟湖里下锚。永乐环礁是一个大环礁，礁外深海水深上千米，大船可以停泊在环礁内避风，用舢板或小艇往返于甘泉岛。到甘泉岛上避难或补给的人群，是为等待救援、短暂停歇，并不会去考虑定居或开发，只是要满足短期的生存需求。在这种情况下，古代航海先民对甘泉岛的破坏和干预非常小。

这对于现在来说是一件好事。如果把甘泉岛改造得面目全非，那就会失去它的历史意义，毕竟这些都是古代先民遗留下来的。比如，甘泉岛上古老的珊瑚石板路，建议保留原貌与原状，避免像其他岛屿那样新建水泥路。古时的道路本来多是坑坑洼洼的，稍作维护和清理即可。这些古道路一直延续至今，我们这些后来者就是要走这样一条有意义的路。这条路的历史意义最早可以追溯到唐宋时期，它是我们航海先民一步一个脚印，用汗水和生命冒险开拓出来的。他们的那种航海冒险精神和开拓精神，值得我们后人学习。如果翻修新建道路，其实是对古道的一种破坏，就会失去这条古道的意义。

这些都是先民千百年来给我们留下来的，而不是我们现代生造的。这些历史性的实物依据和证据，证明这里就是我们的领土、领海。所以我们今天通过发现、解读来复原它，把它发掘出来、保护起来，自然就有很强的说服力、很好的公信力，一切都不言自明。

南海是我们的"祖宗海"，我们最早发现、最早命名、最早开发和最早连续实质性地使用利用。并不是管理若干年以后就不管了、就变成别人来管，我们在历史上是持续性地和平利用和管理南海诸岛及海域的。海上有古今中外的商船，大家都在利用这条航线上的淡水补给点和中转站，这些补给点和中转站就是起了一个驿站的作用。虽然是我们最早发现、命名、开发和利用，但在这里大家公平交易、和睦相处。外国商船需要补给，可以和他们交易，提供淡水换取他们的商品；他们在海上出现事故或发生海难，也可以给他们提供救援和帮助。同样，我国的商船出现事故搁浅沉没，人员也可能被外国商船救走，他们给我们提供救援和帮助。这是一种和平互助的相处，体现出我们航海先民开放包容的心态，显示出我国"海纳百川，有容乃大"和"壁立千仞，无欲则刚"的气魄。

七、岛屿管理与市舶司

准备南下的商船船队在冬季即将来临之际，各项货物产品都已经采购完毕、准备出发远航前，都必须到官府市舶司报关。对出海的我国商船，市舶司要进行严格审查，一般由原发港口的市舶司签发"公据"或"公凭"之类的出海许可证，上面写清船舶所有权、艘数、纲首、全船人员名单、货物种类与数量、护船用具及防盗兵器数量等。这些出海许可证上往往都注有"不许私贩兵器""不得妄称使臣""不许冒越禁国"等条规。从海外归来后，出海许可证要立即交还给签发的市舶司。不领取出海许可证而擅自出海者，会被处以监禁两年的惩罚。

市舶司报关后，主管官员可能会嘱咐船头，如经过甘泉岛或其他岛屿时，要到岛上去看看，收拾整理巡检一番。这等于政府官方口头授权给船队，负责管理和打理岛上有关事务。虽然商人和船队并不是政府官员，但他们已经得到官方或半官方的一种授权和许可。

外国商船一般只是在西沙群岛如甘泉岛进行淡水补给，如果要进入我国大陆必须得报关，经准许以后方可进入。报关的第一站，就是海南岛的崖州、万州和琼州（现三亚、万宁和海口），然后再进入广州、泉州等地，这些地方都设有市舶司衙门受理申报事宜。据史料载，北宋末大观元年（1107 年）始，将各处管理外贸的机构改称"提举市舶司"，而将各港口的市舶司改称"市舶务"。到南宋乾道年间（1165—1173年），广州市舶司曾专门奏请朝廷为琼州设市舶机构，负责从南洋返回船舶的检查，防止商船偷税漏税。市舶司作为封建朝廷设立的专门管理海上贸易的机构，拥有相当大的权力。首先是对外来船舶和从事海上贸易的我国商船征收关税，当时叫"抽解"，也叫"抽分"。抽解的具体数量，因货物不同而不同。宋代通常十分抽一，也有十分抽二的。根据记载，当时对犀角、象牙一类贸易要征收十分抽二的关税，而珍珠一类贸易则只征收十分抽一的关税。元代则规定，粗货征收十分抽一的关税，细货征收十五分抽一的关税。

繁荣的海上贸易为封建朝廷带来了巨大的财政收入。两宋时期，北方战乱频仍而南方偏安，朝廷每年都要给辽、西夏、金等国进贡巨额的岁币。即使如此，北方边境的防御仍然需要维护和巩固，军费开支是庞大而持续的。所以两宋非常重视海外贸易，所谓"海舶之利甚厚"。朝廷鼓励民间的海外贸易，商人们当然也乐意从事。因为对外贸易利润非常高，朝廷抽税十分抽一不成问题。社会有需求，商人有利图，朝廷也有税可收，何乐而不为？据史料记载：北宋神宗熙宁元年（1068年）到熙宁十年（1077年），琼州（海南）商税增长近4倍。作为海上丝绸之路南海航段枢纽，对外贸易的空前发展，促进了琼州商税的倍增。南宋初年收入最多的泉州市舶司每年征收抽解税超过200万贯，约占南宋每年财政总收入的5%，由此可见抽解税在当时朝廷财政收入中所占的地位，这就是两宋要大力发展海外贸易的原因。

八、出水文物看海上丝绸之路贸易

海上丝绸之路上的商船，往返运载一些东西方世界不同的货物，有官船也有民船，但还是以大量民船为主。唐代以前，我国陶瓷器贸易就已经非常繁盛，海上丝绸之路的繁荣带动陶瓷器贸易的进一步发展。由于陆路运输的不便利，加上陶瓷器重量重、容易破碎等特点，大宗陶瓷货物更利于海路船运。随着商品经济以及造船技术的发展，朝廷开辟了以东南沿海为中心，向东南亚、南亚、中东乃至欧洲、非洲等地区通商贸易的海上丝绸之路。这些商船从我国出发，满载着陶瓷、丝绸、茶叶等各种华夏特产。

北宋地理学家朱彧《萍洲可谈》记载："海舶大者百人，小者百余人……舶船深阔各数十丈，商人分占贮货，人得数尺许，下以贮物，夜卧其上。货多陶器，大小相套，无少隙地……"⑨我国陶瓷器在世界范围的市场上需求量巨大，我国陶瓷工业整个制造工艺技术长期领先于全世界。从生产原料、制造工艺及整个窑炉的烧成温度、火候控制，到最后釉色装饰等，从汉代开始一直到清代，我国陶瓷器一直是无可替代、最受欢迎而且畅销全球的。我国的英文叫"China"，"China"也是陶瓷。

虽然西方很多国家和人民非常喜欢我国陶瓷器，但毕竟远隔万里，运输和贸易的成本非常高昂。欧洲人也曾不断尝试仿造，但一直没办法做好，仿制的陶瓷器达不到我国的水平。在我国，一窑烧出成百上千件的陶瓷器非常普通和平常，可是一旦运到中东或欧洲后，它们会身价暴涨价格不菲。而且外销器还不是最精品的，最精品的陶瓷器是官窑器，官窑器专供皇家皇室使用，不允许外销。在一些民窑里，也有些第二、第三档的精品大量地对外销售贸易，到了国外也是最受欢迎、最受青睐的产品。

在西沙出水文物中，比较典型的是元代龙泉窑青釉大盘，俗称"元龙泉"。通过产地比对，这种龙泉窑青釉大器在江浙一带烧造很多，但在国内出土很少，是典型的外销定制产品，大部分都销往中东地区，它是根据阿拉伯人和波斯人的生活习惯而定制的。包括元青花大盘在国内很少，主要都收藏在中东地区（如伊朗、土耳其）的博物馆。每件器物都有它的身世故事，它产自哪里？谁生产的？谁购买的？装的是什么船，到哪里跟谁交易？都有谁和它们交易，谁来提供文案和图案定制？沉没水底的只是小部分，大部分的器物都已销往世界各地。每一件文物背后都有它们的故事，而这故事背后是非常密集的商贸往来和文化交流，实际是人的故事。而我们，有点低估了古代人的视界和世界。

陶瓷贸易只是海上丝绸之路贸易体系中的一部分，还有其他部分如丝绸、布匹、茶叶、铜铁器，这些也是我国的特产。在江浙地区，蚕丝纺织技术同样领先世界，绫罗绸缎在南洋和西洋地区同样大受欢迎。欧洲上层贵族妇人和富商对东方的丝绸简直是爱不释手，丝绸成为最受青睐的高端奢侈品之一，也是她们贵族身份的象征，在欧洲上层社会贵族和富商中形成了一种东方风尚。在这种大量的需求之下，贸易往来应运而生，而且非常繁盛。

南下西行的商船回帆我国时，往往会运回西洋特产和奇珍异宝，如香料、药材、宝石。最具代表性的是香料，包括各种植物香料和动物香料。植物香料有礼佛时用的肉桂香、檀香、安息香等，文人墨客也喜欢点上一炷香，吟诗作画悠然自得。动物香料就是龙涎香，它在西方又称"灰琥珀"。龙涎香最受国人喜欢，一些官员收购后当作宝物进献给皇上，在宫廷里也用作香料或药用。

非洲、南美洲、南亚斯里兰卡等地区盛产祖母绿、红宝石、绿宝石、蓝宝石等宝石，历朝历代皇室镶嵌在金冠、腰带、凤冠霞帔上的宝石饰品，都需要通过海上丝绸之路、陆上丝绸之路朝贡体系或民间贸易进口到我国。在南越国时期的墓葬里出土了许多舶来品，如在南越王墓的棺椁中出土有银盒、金花泡饰、非洲象牙，这些都是从南海通过海路贸易而来的舶来品。还有一些西域舶来的奇珍异兽，如珍珠、玳瑁、象牙、狮子、长颈鹿。长颈鹿刚到我国时，被商人称为有祥瑞之兆的"麒麟"——麒麟本来是我国传统文化里的瑞兽。舶来的长颈鹿非常昂贵，通常作为我国古代皇家或官员圈养的宠物。

海上航行充满危险，成本也非常高。商船每次出航时都满载着华夏的珍奇特产，然后销往世界各地。回航时考虑到回程成本，船只不可能空载。故在回程时，会把沿途各国各地的特产、物产收购装船，运回我国贩卖交易。商船有时在回航时货物不多，在海上航行怕重心不稳，需要一些"压舱物"来平衡船只的重心。船员们通常就地取材将散落在沿途各国海岸上的牡蛎壳收集起来，变成"压舱物"带回来，这些牡蛎壳就从东南亚等地漂洋过海来到我国泉州。根据史料记载，这些牡蛎壳初到泉州时，被堆放在蟳埔的海边。元末明初时，由于战乱及屡遭倭寇侵扰，泉州先民们疲于奔命，无力建造新房。于是，先民们传承古闽越人拾牡蛎壳拌海泥筑屋而居的遗风，因地制宜把散落堆积在海边的牡蛎壳加以利用，构筑了以"出砖入石"为墙基，以片片牡蛎壳相砌、状如鱼鳞为墙体的"蚝宅"，打造成现在独一无二的"蚵壳厝"。

九、商船自卫

海上航行的商船队通常都携带武器进行自卫，有些船队在海上也亦商亦盗，其中有各个方面的原因。从海商发展成海盗者，有我国人也有外国人。郑和下西洋时，船队到达旧港（今苏门答腊岛的巨港）时，突然遭到海盗的拦截袭击，这群海盗的头领叫陈祖义。郑和及时发现了陈祖义的阴谋，立即部署对策。等陈祖义率众人来抢劫时，郑和指挥将士们把海盗打败，杀敌 5000 多人，烧毁了海盗船只 10 艘，俘获 7 艘，活捉了陈祖义。海盗为何要劫船？因为船上载的都是奇珍异宝，所以有人顿生歹念，因此每个船队都配备武器自卫。元明时期已经有火铳、火炮等火器用于船舶上，这一点从西沙出水铜火铳文物中可鉴。

古代海上航行是自由的。当时的朝廷还不具备日常海上巡逻监管的能力，只是在港口周边对往返商船进行管理。历史上我国水师也有巡海，巡海也是我们国家对海域的管辖、对海路航线的管控，但频率不高，并非常态。

十、结语

国家"一带一路"倡议的正式提出，只有短短的数年时间，但陆上丝绸之路和海上丝绸之路，其实是承袭千年传统的交通和贸易航线。海南本岛与南海诸岛因其特殊的地理位置，处于海上丝绸之路的主航道要冲之处，在海上丝绸之路南海段的形成和发展过程中，起到了往返中转驿站的重要作用。海南岛在历史上虽然不是始发港，但随着时间的推移，逐渐成为重要的必经之地，成为无法替代的组成部分。南海海上丝绸之路是一条开放之路、强国之路，又是一条友谊之路、和平之路，更是一条被国际社会认同的繁荣之路、未来之路。

【注释】

①郑鹤声、郑一钧编《郑和下西洋资料汇编》，海洋出版社，2005，第 40 页。

②王象之：《舆地纪胜》卷一二七，四川大学出版社，2005，第 58 页。

③唐胄：《正德琼台志》下册，海南出版社，2005，第 158 页。

④康泰：《扶南传》，转引自李昉《太平御览》卷六九，中华书局，1960，第 53 页。

⑤赵汝适：《诸蕃志》，中华书局，1996，第 96 页。

⑥朱彧：《萍洲可谈》，中华书局，2016，第 77 页。

⑦黄任、郭赓武纂《乾隆泉州府志：三》，上海书店出版社，2000，第 645 页。

⑧班固：《汉书》，中华书局，2007，第 231 页。

⑨同⑥。

第六章 华光礁 I 号沉船的考古埋藏学观察

华光礁是我国南海海域西沙群岛中的一颗明珠。华光礁 I 号为沉没于此的南宋古商船。它的发现与发掘，实现了我国水下考古的第一次远海作业，丰富了海上丝绸之路历史研究资料①。然而，在取得丰硕成果的同时，学界与民众也多有存疑，如：海上丝绸之路为何没有丝绸出水？宋代商船为何不见铜钱踪影？这些看似难以解释的疑问，也曾困扰着一些考古工作者。对此，笔者以亲身经历，从考古埋藏学视角，作相关探讨。

一、问题的提出

南宋时期，海外贸易空前繁荣，铜钱在贸易中大量使用。《宋会要辑稿》刑法卷记载："蕃夷得中国钱，分库藏贮，以为镇国之宝。故入蕃者非铜钱不往，而蕃货亦非铜钱不售。"②由此，国内铜钱及铜料大量外流，造成钱荒、铜荒，朝廷对此立法严禁而不能止。同时，宋代钱币多以年号作钱文，时代性强，对判断沉船的年代上限具有重要价值。因此，在华光礁 I 号发掘过程中，水下考古队也有针对性地寻找，但最终一无所获。

丝绸，是我国古代大宗而畅销的商品，西方商客爱不释手。著名的丝绸之路由此得名，可见其占有重要地位。据《诸蕃志》和《岛夷志略》记载，南宋外销的丝织品数量巨大、种类繁多，计有"绢伞，绢扇，结绢，绢，白绢，锦，建阳锦，缎锦，锦绫，皂绫，丝帛"[③]、"绢，绫，缎，锦，丝"[④]等。既然丝绸在我国古代对外贸易中如此重要，为何在包括华光礁Ⅰ号在内的各时代沉船发掘中，始终没有发现呢？

二、考古埋藏学概述

我国近代考古学诞生于20世纪20年代，其理论方法核心，一为地层学，一为类型学。水下考古作为田野工作的延伸，其理论基础依然植根于我国考古学这棵参天大树，而考古埋藏学即地层学研究的重要领域。

埋藏学，最早出现于古生物学和地质学中，指专门研究生物死亡、破坏、风化、搬运、堆积和掩埋的整个过程，以及在过程中受到各种因素影响而发生变化的一门科学。自然生态环境是决定埋藏的最主要因素，其中又包含众多作用不同的因子：①风化，包括机械物理风化和分解化学风化；②沉积物性质，主要指沉积物的酸碱属性；③掩埋速度，实际就是指沉积速率，速度越快，可以及时与空气隔绝，对保存越有利；④搬运介质，指促使沉积物发生位移的因素，如水流、风力、冰川、火山熔岩流以及动物和人；⑤沉积碎屑的成分和颗粒；⑥埋藏区域的大地构造。

人是地球上的生物，其创造的物质文化载体也存在着死亡(废弃)、破坏、风化、搬运、堆积和掩埋的过程。埋藏学分析引入史前考古学后，大大增强了考古学家对遗址形成过程中各种动力因素的分辨和诠释能力。

三、沉船考古5个维度

1.沉积物性质

沉积物，即沉积主体，包括船体、船货、船员、航海用具和生活用品。性质，即物理化学性状特点。但凡这艘船的一应所有，都属于沉积主体。做远洋航行的贸易船只，在海上短则月余、长则数月，其携带的货物必定繁多，用品必当足用，一艘船就是当时社会的缩影，麻雀虽小，五脏俱全。再者，所谓因利趋，以利往。追求利润是一切商业活动的目的，宋代畅销海外的我国货物远不止陶瓷。对此，宋元史料中有详细记载。如"国家置市舶司于泉、广，招徕岛夷，阜通货贿。彼之所阙者，丝、瓷、茗、醴之属，皆所愿得"⑤。茗，即茶叶。醴，即甜酒。又如"真州之锡镴，温州之漆器，泉州之青瓷器，及水银、银朱、纸札、硫黄、焰硝、檀香、白芷、麝香、麻布、黄草布、雨伞、铁锅、铜盘、水珠、桐油、篦箕、木梳、针"⑥。又有"丝绸，宝剑，花缎，麝香，沉香，马鞍，陶瓷，斗篷，肉桂，高良姜"⑦。

史料所载种类繁多的货物，在化学上可分为有机物和无机物，在统计学上可分为比重小于水和比重大于水。船体的木质构件、绳缆、布帆，船货中的丝绸、茶叶、布匹、香料、漆器，船员生活用米面、肉食、竹木，均属于有机物，易分解腐蚀，比重小于或等于水，易被冲刷搬运。碇石、陶瓷、铜盘、铁锅属于无机物，性状稳定，比重远大于水，利于沉积埋藏。

2.沉积环境与速率

1974 年，泉州港发掘出一艘宋代海船，出土纸质印刷品若干⑧。2010 年，笔者参与发掘汕头南澳 I 号明代沉船，出水有木质秤杆、肉类。有机类文物在这些遗址中保存至今，与其沉积环境和速率有重要关系。关于此，已有学者注意到："礁体的增长及礁体周围生物的生长和生物沙的堆积作用，对沉没的水下文物造成掩埋及搬移，因而影响对水下文物的调查。"⑨

我国沿海海域为滨海沉积相，基底为大陆架延伸，广泛沉积有陆源碎屑和黏土物质。近岸多河流入海口，带来大量泥沙。泥沙质软，船沉没后能依靠船体自重迅速埋入。同时，泥沙细密，覆盖船体后能较好地隔绝海水，形成保护。泉州港宋船和南澳 I 号明船的沉积环境均属此类。而华光礁 I 号所在的西沙群岛海域，则完全不同。

"西沙群岛海域基底由厚越千米的生物礁构成，同时具有花岗片麻岩和基性火山岩；除东面的高尖石为火山碎屑岩外，其余各岛均为生物礁和钙质生物骨、壳碎屑组成，质地坚硬。C14 年代测定西沙群岛几乎所有岛屿成岛时间不超过5000 年，非常年轻。""从新老海滩岩的绝大部分仍处于目前的潮间带可知，近5000 年来西沙海面是相对稳定的。礁盘堆积速率缓慢，与珊瑚的生长速率及生物沙的堆积、胶结有关，为 0.8 毫米 / 年。"⑩同时，西沙群岛海域的潮差很小，自然水流的流速缓慢，海底沉积的碎珊瑚和珊瑚砂比重较大，不同于沿海海域常见的有机悬浮物，不易被水流搬运，掩埋覆盖的速率很低。这些因素，均不利于沉船保护。

华光礁Ⅰ号所处的潮下带礁盘，基底由珊瑚骨架生长形成，质地坚硬。海难发生时，坚硬的珊瑚使木质船体遭到重创，这是一次破坏。沉没后，船体无法依靠自身重力埋入海底，而是长期暴露在外。根据现场情况，遗址表面高潮时水深1.4米，如此深度，说明沉船长期搁浅，不断遭受风浪、潮汐、珊瑚胶结等二次破坏。

坚硬的海底结构，缓慢的沉积速率，这就是西沙海域沉船难以保存的共因。历次西沙水下文物调查，虽难以发现船体，但只要分布集中，遗物同一年代、同一文化面貌，可根据沉积环境、埋藏特点，认定其为沉船遗址。同时，西沙海域的各岛礁，其海底结构也有较细密的珊瑚沙底，也有利于沉船迅速沉积的环境，那将是我们寻找船体的重点区域。

3. 船体结构与船货空间位置

船体结构、部件，船货装载位置、方式，船员生活区域等因素，同样影响沉积作用。我国古代一直采用木质帆船的传统技术，包括船首、船尾、船舱、船底、桅、舵。宋代，把船舱分区，出现了水密隔舱。泉州港出土的宋船，用12道板隔成13舱，各舱长度不等。据学者研究，“十三舱的结构，近代泉州沿海一带的货船还有沿用，并且都有专门名称和不同的用途”[11]。其中，头桅、主桅、尾桅分占3舱，淡水1舱，柴米1舱，工具1舱，货物4舱，人住2舱，厨房1舱。又据北宋朱彧所撰《萍洲可谈》记述：“海船大者人员数百，小者百余……商人分占贮货，人得数尺许，下以贮货，夜卧其上，货多陶器，大小相套，无少隙地。”[12]

华光礁Ⅰ号沉没后，艄艉、桅舵、布帆、绳缆、旌旗等首先损坏。船员生活用品乃日常所用，多置于甲板或船舱上部，如储存食水的大瓮、烧火做饭的炉灶瓢盆、柴米油盐、清酒小盅、围棋子、水烟壶、货物账簿、通关文书、交易用钱用具，这些本该最丰富的内容，因日常用而放置于甲板上层，且多堆积散乱，不如舱中货物那般重叠码放、整齐划一。在船沉没过程中，必定首先散落，倾覆入海。

船货则多置于舱内，依大小轻重分类储放。丝绸、茶叶属有机物，重量轻而不耐压，通常装载于中上部，在沉没后，会较早散落。又因比重小，易被水流搬运冲刷, 腐烂分解。瓷器、铁锅, 多装载于中下部, 因重量大, 兼作压舱。上层率先散落的瓷器, 与珊瑚胶结, 形成覆盖堆积, 使舱底的部分较好地隔绝海水, 避免营力作用, 得以保存。

4. 自然营力

自然营力对沉船的影响有多方面。①物理的。如水流——在潮汐影响下, 华光礁一带水流成往复回流, 不断冲刷, 并裹挟珊瑚砂磨蚀船体。又如风浪、搬运和机械破坏力——在夏季台风、冬季季风盛行时, 退潮水深不足半米的华光礁 I 号受风浪影响极大, 船体因之解体, 船货失去船舱的支撑和保护。②生物的。珊瑚附着生长、黏结咬噬, 对表面光滑的陶瓷器影响尤大。③化学的。紫外线和高盐海水使有机物迅速分解, 海水中氯离子与铁离子发生交换, 形成大量凝结物。

5. 人为作用

船员有充分的时间和条件弃船逃生, 或被同行船只救起, 或葬身大海, 无论哪种可能, 船员都会主动离开船, 故其遗骸不会埋藏于此。

四、华光礁 I 号的前世今生

800 多年前, 南宋王朝偏安东南, 陆上丝路受阻隔。为应付岁贡之重, 南宋朝廷对海舶之利重视有加。依靠先进的造船和航海技术, 在民众智慧和海贸厚利的驱动下, 开创了一个大航海时代。华光礁 I 号, 无疑是当时海舶鳞集的一个缩影。我们无从得知它的原名, 考古学家以发现地命名之。

冬季, 东北信风如期而至, 像一道无声的命令, 扬帆起航。从泉州港——当时世界的第一大港出发, 沿海岸线南下, 沿途靠泊, 装载着我国各地的特产和若干旅人, 借着东北风, 行驶在古老而繁忙的海上丝绸之路外沟航线上。此行的目的地或许是真腊, 是三佛齐, 又或许是更远的远方。船主和商客们满怀憧憬, 只要平安运抵, 等待他们的将是十倍之利。然而, 天有不测风云, 在途经华光礁这片他们熟悉而危险的海域时, 灾难降临了。以海为生的人, 视渊若陵, 并无畏惧。但风帆木桨驱动的古船, 无法对抗自然之力, 风暴使船只偏离了航向, 触礁沉没, 漂移至现址搁浅, 缓慢沉积至今。

就船体而言，风暴和触礁是第一次破坏。部分船舱破损，船体进水，甲板上层物品散落，桅杆、艆艒等首先折断。船员逃生，抢救出部分贵重物品，大部分则随船遗弃。沉没后，因珊瑚基底坚硬，沉积速度缓慢，船体长期搁浅，暴露在外。在多种营力破坏下，加上自身重力，船体的应力结构逐步解体。力学结构不复存在，立体的船变成了一层平板。就船货而言，船舱进水，上层的货物首先受到破坏；船舱解体后，舱内货物失去支撑，进一步散落，在水流、风浪作用下，加速搬运漂移。最终形成以船体本身为中心，面积大于船体数倍的遗物分布区。

五、丝绸和铜钱

丝绸，这一我国古代对外贸易的最大宗商品，因其为有机物，极易分解腐烂，因而在各时代沉船中都鲜有发现。华光礁 I 号，因其沉没海域自然条件恶劣，沉积速率极慢，船体长期搁浅、暴露在外，受多种营力作用，加速了分解破坏过程。

铜钱，因华光礁 I 号沉没地点水深仅 1 米，且珊瑚生长极其缓慢，千百年来海平面未有大变化。笔者认为，海难发生后，船员有充分的时间和条件弃船逃生，并抢救出包括铜钱在内的贵重物品，被同行船只救起。第二年信风起，又有船队途经，凭借船员对这一带海域的了如指掌，必定再次光临，打捞贵重船货。如此多次，沉船再无可取之物，它才慢慢被人遗忘，安静地在海底沉睡了。

沉船的物理化学性状、沉积环境的自然条件、沉积过程中自然营力与人为因素的共同作用，决定了沉船遗址的保存现状。虽然，我们难以进行沉船沉积过程的复原实验，但也可在各种海难事故或废弃船只沉积过程的观察中获得认识和依据。对沉积过程的分析，有利于在将来的工作中，预判可能出现的遗迹遗物埋藏状况，以便做好发掘前的准备工作，以利于信息的提取和出水文物的保护。

水下考古工作者，不仅仅是潜水员，更是发掘者、研究者。我们面对一个沉船遗址，不仅仅是分析现存的出水文物，也要将遗址形成过程研究纳入视野，用新视角谋取新收获。

【注释】

①赵嘉斌:《西沙海域水下考古与海上丝绸之路》,《中国文物报》2017 年 6 月 23 日第 3 版。

②徐松辑《宋会要辑稿》刑法卷二之一三九,中华书局,1957,第 125 页。

③冯承钧:《诸蕃志校注》,中华书局,1956,第 85 页。

④苏继庼:《岛夷志略校释》,中华书局,1981,第 44 页。

⑤同注②。

⑥夏鼐:《真腊风土记校注》二十一《欲得唐货》,中华书局,1981,第 241 页。

⑦伊本·胡尔达兹比赫:《道里邦国志》,宋岘译注,中华书局,1991,第 169 页。

⑧泉州湾宋代海船发掘报告编写组:《泉州湾宋代海船发掘简报》,《文物》1975 年 10 期。

⑨中国国家博物馆水下考古研究中心、海南省文物保护管理办公室:《西沙水下考古(1998—1999)》,科学出版社,2006,第 74 页。

⑩同上书,第 134 页。

⑪庄为玑、庄景辉:《泉州宋船结构的历史分析》,《厦门大学学报》1977 年第 4 期。

⑫张星烺:《中西交通史料汇编》(第三册),辅仁大学丛书第一种(1939),第 261 页。

第七章 华光礁Ⅰ号沉船 与南宋铜钱海外贸易

南宋时期，海外贸易空前繁荣。铜钱作为货币又作为特殊商品，大量向海外流出。华光礁Ⅰ号，作为沉没于我国西沙群岛海域的南宋古商船，在历时 2 年的严谨的考古发掘中，出水大量文物却始终未见铜钱。作为环中国海沉船考古的特殊个案，其原因值得从考古埋藏学视角深入探讨。

一、南宋海外贸易中的铜钱

1. 繁荣的宋代海外贸易

宋代中国是当时全世界最高度发展的帝国，也是最大的海上贸易国之一。出口商品除茶叶、丝织品、瓷器、漆器等外，铜钱和铜器也是大受欢迎的重要出口物资。尤其到了南宋，海外贸易空前繁荣，铜钱在贸易中大量使用。

2. 作为国际硬通货的中国铜钱

据学者研究，宋时代，西太平洋各国货币经济不甚发达，有的国家尚无货币，有的国家即使铸有货币，其流通也很有限，较之冶炼技术先进、铸造精美的中国钱币大为逊色，难以进入国际流通领域。因此，宋代钱币成为各国共用的通货。对此，史料记载很多：

"钱本中国宝货，今乃与四夷共用。"[①] "蕃夷得中国钱，分库藏贮，以为镇国之宝。故入蕃者非铜钱不往，而蕃货亦非铜钱不售。"[②] "倭所酷好者，铜钱而止。"③交趾同广南地区"贸易金、香,必以小平钱为约;而又下令其国,小平钱许入而不许出"④。"胡椒萃聚,商舶利倍蓰之获,往往冒禁,潜载铜钱博换。"⑤

"从日本到非洲的很多国家,由于经济的发展,需要货币;而因冶铜铸钱技术等项困难,又暂时不能大量生产铜钱。在这种条件下,中国铜钱就成为这些国家的'镇国之宝',成为国际上一种很昂贵的、极受欢迎的硬通货。"⑥

3. 宋朝严禁铜钱外流而不止

必须指出,铜钱与茶叶、丝织品、瓷器、漆器等出口物品不同,属于非法的走私物品。宋朝严禁铜钱出口,规定"钱出中国界及一贯文,罪处死",还"重立赏格,使人告捕"⑦。海船"往来兴贩,夹带铜钱五百文随行,离岸五里,便依出界条法"⑧。

但是,由于海舶之利甚巨,"每是十贯之数,可以易番货百贯之物;百贯之数,可以易番货千贯之物"⑨,朝廷立法如一纸空文,禁而不止。两宋时期国内铜钱及铜料大量外流,造成钱荒、铜荒,到南宋后期尤其严重。

4. 铜钱外流的渠道和数量

铜钱本身除了具备货币功能,在交易流通中使用外,也作为一种特殊的商品和船货,在对外贸易中大量私自外流,大行其道。史载:"福建之钱聚而泄于泉之番舶,广东之钱聚而泄于广之番舶。"⑩有学者研究认为:"南宋时,两浙路的铜钱主要向日本出口,福建和广东两路的铜钱主要是向南洋以至非洲出口。"⑪数量方面,宋朝铜钱出口究竟有多少,已无从统计。据载:"以高大深广之船,一船可载数万贯文而去。"⑫

5. 各国出土的铜钱

从各国的考古发掘看,爪哇、新加坡、印度、非洲等地,都发现了大量宋钱,有的还发现了唐钱。即使是唐钱,也不能排除在宋代出口的可能性。这些都是宋代海外贸易中铜钱大量外流的实物证据。

二、钱币在沉船遗址断代中的作用

在历史时期考古学中,铭文、年号、纪年等有确定时间刻度的记录,是判断一处遗址、一座墓葬、一件文物时代的直接证据。水下考古作为我国历史时期考古学的一个门类，其工作对象主要是秦汉以来各时代的海底沉船。在船体、船货、航海用具和生活用品中带有铭文、年号等确切纪年的信息，对沉船遗址的断代有重要作用。这其中，以钱币最为重要。

我国古代钱币的时代性强，每每改朝换代必铸新钱，尤其在唐宋以来，多以年号为钱文，这就为断代提供了准确的依据。沉船遗址出水的铜钱往往数量巨大，更涵盖多个时代，但其最晚纪年的铜钱，对判断沉船的年代上限（不早于）具有重要价值。因此，在华光礁 I 号发掘过程中，水下考古队也有针对性地寻找，但最终确无所获。

三、环中国海古代沉船出水铜钱概况

在环中国海水下考古实践中，各个时代的中外贸易商船都有大量铜钱发掘出水。在此稍作列举。

1. 福建泉州港南宋沉船

该船发现于福建泉州后渚港海岸滩涂，1974 年发掘，出土铜钱 504 枚，最晚为南宋末年所铸咸淳元宝。

2. 广东阳江南海 I 号南宋沉船

该船于 1987 年首次发现，2007 年完成整体打捞。目前，累计出水约 4000 枚铜钱，最早为汉代五铢，大量的是皇宋通宝、元祐通宝和治平元宝等宋钱。

3. 韩国全罗南道新安元代沉船

该船于 1977 年发现，随后进行了连续大规模水下发掘，出水铜钱数量无法统计，重量有 28 吨多，计 52 个品种，分别为唐、宋、辽、西夏、金、元等各朝铜钱，最晚的为元代至大通宝。

4. 广东汕头南澳 I 号明代沉船

该船于 2010 年开始发掘，笔者亲身参与，现已出水铜钱 15000 余枚（154 贯），大部分保留了装载时的原初状态：码放整齐，以粗麻绳串接。

5. 海南文昌宝陵港南明沉船

该船于 1987 年调查发现，1990 年进行了试掘。出水了大量的永历通宝铜钱，是清初南明桂王所铸，这为沉船提供了准确的时代依据。

四、铜钱的沉积物性质

在《沉船遗址的考古埋藏学初探》一文中，笔者提出分析一处沉船遗址的 5 个维度：沉积物性质、埋藏环境与速率、船体结构和船货空间位置、自然营力、人为因素。（在本书第六章亦有提及）其中，沉积物，即沉积主体，是沉船事件中遗留下来的各种埋藏物质的总称。基本可分为船体、船货、航海用具和生活用品。铜钱，即船货之一。

从性质上分析：我国古代的铜器、铜钱都属于合金铜，是铅、铜、锡的合金，各时代因参合比例不同而异。其属于金属、无机物，化学分子结构稳定，不易分解。在海水中长期浸泡氧化，会产生碱式碳酸铜（铜绿），"铜绿"常以薄膜状覆盖在铜制品的表面，可防止铜的继续氧化，起到良好的保护作用。同时，在其物理性状上，比重远大于水，受水流搬运影响很小，利于原地埋藏保存。

由此，笔者认为，铜钱在沉船遗址的沉积物分类中，属于容易埋藏保存的一类，各处出水的大量铜钱也证明了这点。而在华光礁Ⅰ号中未有发现[13]，这是个案，其原因就要从埋藏环境和人为因素考虑。

五、华光礁Ⅰ号的埋藏环境与速率

如前所述，华光礁Ⅰ号所处的潮下带礁盘，基底由珊瑚骨架生长形成，质地坚硬[14]。海难发生时，坚硬的珊瑚使木质船体遭到重创，这是一次破坏。沉没后，因珊瑚基底坚硬、埋藏速率缓慢，船体无法依靠自身重力埋入海底，而是长期暴露在外。根据现场情况，遗址表面高潮时水深 1.4 米，如此深度，说明船只沉没后较长时间一直搁浅，不断遭受风浪、潮汐、珊瑚胶结等二次破坏，加速了分解过程。

这样的埋藏环境，是西沙群岛海域水下沉船的共同特点，而与上文所列 5 处沿海沉船完全不同。礁盘水浅、珊瑚坚硬、沉船搁浅暴露，这为船员逃生、打捞贵重船货提供了条件。同时，这也是千百年后，西沙沉船屡被盗捞的客观原因。

六、未见铜钱是人为

因华光礁Ⅰ号沉没于环状礁盘西北内侧，该地点平均水深仅 1 米，据相关地质、生物研究结果，该海域珊瑚生长极其缓慢，仅 0.1 厘米 / 年，800 年前的海平面与现在相比没有大变化。故而笔者认为，其一，海难发生后，船员有充分的时间和条件弃船逃生，并抢救出包括铜钱在内的贵重物品，被同行船只救起。其二，华光礁位于航线要冲，来往船队密集，凭借船员对这一带海域的了如指掌，必定再次光临，打捞贵重船货。如此多次，沉船再无可取之物，它才慢慢被人遗忘，安静地在海底沉睡了。所以说，沉船未见铜钱，应是人为因素。

七、结语

水下考古是一门新兴的分支学科，其理论方法基础植根于我国考古学这棵参天大树。对遗址形成过程的分析研究，一直是前辈学者着力的方向。本章的浅析，以出水铜钱为线，用考古埋藏学理论，分析沉船遗址的形成过程及其因素，并以此解释发掘所见现象、疑团。多有疏漏，但若能让我们与历史真实更近一步，那就一了笔者的初衷了。

【注释】

①脱脱：《宋史·食货志》，中华书局，2004，第23页。

②徐松辑《宋会要辑稿》刑法卷二之一四四，上海古籍出版社，2014，第78页。

③包恢：《敝帚稿略》卷一《禁铜钱申省状》，国家图书馆出版社，2011，第159页。

④李心传：《建炎以来系年要录》，中华书局，2013，第165页。

⑤赵汝适：《诸蕃志》，中华书局，1996，第210页。

⑥王曾瑜：《宋代的铜钱出口——兼谈泉州发掘的宋船铜钱》，《海交史研究》，1978年第1期。

⑦张方平：《论钱禁铜法事》，转引自《四库全书·乐全集》卷二六，上海古籍出版社，1987，第253页。

⑧谢深甫：《庆元条法事类》卷二九《铜钱金银出界》，国家图书馆出版社，2014，第154页。

⑨同注③。

⑩同注③。

⑪同注⑥。

⑫同注③。

⑬赵嘉斌：《西沙海域水下考古与海上丝绸之路》，《中国文物报》2017年6月23日第3版。

⑭中国国家博物馆水下考古研究中心、海南省文物保护管理办公室：《西沙水下考古（1998—1999）》，科学出版社，2006，第159页。

华光礁Ⅰ号沉没原因与宋船远海航行模式

第八章

随着指南针的发明与航海罗盘的应用，我国海船基本上采用了离岸远航的方式。商船从泉州、广州出发途经西沙群岛航路上的危险之地时，海难频发。华光礁Ⅰ号沉船就是一条南宋贸易商船，满载着我国瓷器等货物，在前往东南亚等地贸易航行途中，受海风影响在华光礁搁浅而沉没。

一、沉没宋船的水下发现

在人类的历史中，航海船舶的建造是最能反映不同历史阶段的人类科技能力水平的标尺之一。通过海洋交通，相距万里的人们可以进行经济文化上的相互交流，其中商品交换的贸易活动无疑是最具推动力的因素。唐代以来，海上丝绸之路日趋繁荣，商品贸易活动增多。目前，国内所发现的古代船只，如福建泉州宋代海船、山东登州元代战船、河北新开河元代漕船，都是掩埋在泥土之下，通过陆地发掘手段得以重见天日。比较起来，沉没在水中的古代船只通常能更好地保留各种遗物，这一点国外的同行业已取得了丰硕的成果。

二、宋船对季风的熟练运用和造船航海术的发展

我国古代的南海海上航行主要依靠季节风力，通常在秋冬季利用东北季风出航，再在次年的春夏利用盛行的西南季风回航，如错过季风季节就会多滞留一年。

朱彧的《萍洲可谈》明确地记有"船舶去以十一月十二月，就北风。来以五月六月，就南风"（《萍洲可谈》卷二）。之后，郑和著名的七下西洋的壮举也是利用季风在"十二月，福建五虎门开洋，张十二帆，顺风十昼夜至占城"，回国时"等候南风正顺，于五月中旬开洋回还"（马欢《瀛涯胜览·满刺加国》）。

指南针与罗盘的结合应用标志着定量航海时代的到来，目前我们可以见到的最早的记载，是朱彧所著的《萍洲可谈》中的"舟师识地理，夜则观星，昼则观日，隐晦观指南针"，时间为北宋元符至崇宁年间（1098—1106年）。以后徐兢于《宣和奉使高丽图经》中又记道："唯视星斗前迈，若晦冥则用指南浮针以揆南北。"南宋赵汝适在《诸蕃志》中曾作更进一步的解释："……海之极……渺茫无际，天水一色。舟舶往来，唯以指南针为则，昼夜守视唯谨，毫厘之差，生死系焉。"值得关注的是这里已经不是简单地记录宋人使用指南针，更重要的是结合了罗盘。设若没有罗盘的指向分度，便无法做到"守视唯谨，毫厘之差"。同样是《诸蕃志》，阇婆条中更谈到从泉州始发，取"丙巳方（165°）"借北风，顺风昼夜航行，一月可到阇婆。成书于南宋咸淳年间（1265—1274年）的吴自牧《梦粱录》"风雨冥晦时，惟凭针盘而行，乃火长掌之，毫厘不敢差误，盖一舟人命所系也"的说法亦是旁证。其时，航海的巨大风险性可见一斑[①]。

三、宋代中国船已成东西方海上航运主力船舶

按照《诸蕃志》记载，宋代远洋海船多从泉州、广州出发，循"通海夷道"，经东南亚、波斯抵红海、非洲东岸。由于技术的进步，我国海船基本上是采用了离岸远洋直航，例如从泉州港出发"率以冬月发船，盖借北风之便，顺风昼夜行，月余可达（阇婆）"，即经西沙群岛一路横渡南海的直达航线。如果考虑到气象变化、风力大小等因素，与前代贾耽记述的航行速度基本是一致的，说明我国航海海船的操驾技术已经非常成熟了。可以看出，宋代的海船已完全沟通了从我国直达红海和东非的洲际航线，如戴维逊于《古老非洲的再发现》一书中所言："在十二世纪，不管什么地方，只要帆船能去，中国船在技术上也都能去了。"实际上我们今天所看到的南海Ⅰ号沉船和西沙华光礁沉船以及西沙群岛的许多水下遗

址等正是处于此航路，它们之间的不同只是年代与具体的目的地。

四、千里长沙万里石塘——航路上危险的必经之地

我国古代航海中有"上怕七洲，下怕昆仑"（吴自牧《梦粱录》卷十二）之说，内中的"七洲"即指西沙一带的海域，这是我国劳动人民常年海上活动的经验之谈。南宋赵汝适曾作更进一步的解释："至吉阳，乃海之极……南对占城，西望真腊，东则千里长沙、万里石床，渺茫无际，天水一色。舟船往来，唯以指南针为则，昼夜守视唯谨，毫厘之差，生死系焉。"（《诸蕃志》卷下）《宋史·卷四八九·占城》关于北宋"天禧二年（1018年）九月，其王尸嘿排摩惵遣使罗皮帝加""罗皮帝加言，国人诣广州，或风飘船至石塘，即累岁不达矣"的记载恰成为南海航路危险的佐证。宋以后航海活动日趋频繁，有关南海石塘、长沙的文献记载连篇累牍，虽然限于当时的科学技术，还无法正确解释原因，但古代的航海者们直觉上已明了闪避海中暗礁的道理了。"观夫海洋，泛无涯涘，中匿石塘，孰得而明之。避之则吉，遇之则凶。"（汪大渊《岛夷志略·万里石塘》）"万州有千里长沙、万里石塘，然俱在外海，海舟触沙立碎，入港多无出者，人不敢近。"（《道光琼州府志》卷四上引《乾隆旧志》）

五、华光礁 I 号所处海区特点和沉没原因

华光礁北边的水道极为狭窄，高潮时的水深亦不过数十厘米，除小舢板和快艇外，稍大一些的船只几无通行可能，故可以排除沉船通过北侧水道进入礁盘的可能。南边的两处水道的水深也非常浅，只在2～3米，可供百吨位级的船舶出入，但是水道长而蜿蜒曲折，考古队使用的100吨级的船只进入礁盘时亦多费周折。考虑到珊瑚礁的生长速度，数百年前可供通行的水道也不会比现在便利。

华光礁发掘出水的文物绝大部分是青白釉瓷器，间或有褐釉、白釉系器物，从产地上看均来自福建闽南一带的民间窑场，可以肯定是在前往东南亚的去程中。据此，我们推断华光礁沉船的性质是一条古代贸易商船。该船在满载着我国瓷器

等货物前往东南亚等地进行贸易途中，遇到过分强大的海面风浪驶近华光礁，终因风浪过大，没有机械动力的帆船失去控制，被风浪吹至礁盘北侧的珊瑚礁浅滩水域。最后导致搁浅，船体破碎遇难[②]。

六、西沙海域礁盘特点和沉船航行模式共性

在西沙群岛其他地点的水下调查中，我们发现出产于我国大陆各地不同历史时期的瓷器多存在于各礁盘内部北侧。不同的只是由于各礁盘外缘台地的宽度与倾斜角度各异，造成了部分文物分布在礁盘外侧，估计应当是船体断裂时靠近礁盘外缘散落所至。这种现象也从另一侧面支持了华光礁沉船沉没原因的判断。

目前已调查过的地点显示，在西沙群岛的北礁、银屿、华光礁、七连屿等礁盘水域相对集中存在有大批水下文物遗迹。各水下地点具体的表现形式因种种自然环境条件各异而不同，也存在着许多共性。

北礁的地理位置处于海南岛与西沙群岛之间，从北礁到海南岛之间横亘的是深 4000 余米的南海海盆，120 多千米的海程，再无可供泊船的海区。既是大陆出海远航的第一站，又是从南洋回帆船只的最后可资利用的地理标识，是来往南海船只的必经之路。北礁原为全封闭型珊瑚环礁，现存的水道是为给船只避风（只限 8 级以下的北风），于 20 世纪 70 年代由我国人工爆破而成的，并设有导航灯塔 1 座。传统上，来自我国大陆的古代航船到此可分为东、中、西 3 条航海路线，分别前往越南、马六甲半岛、中东，印度尼西亚爪哇，马来西亚婆罗洲等地。就北礁而言，是海路上比较危险的水域，现代的海图中仍将该处列为高危险水域。经初次调查，在北礁发现的水下文物遗存地点计有 4 处，基本上为瓷器残片，年代从宋至民国。和华光礁不同的是，北礁的礁盘外缘更窄，向海一侧的礁体陡峭，同海平面形成 70 余度夹角，这种地质结构对航行于此的船舶构成相当大的威胁，极易发生触礁的事故。船只一旦触礁，船体会被坚硬的珊瑚礁体割裂，在潮水与海风的共同作用下，船只会在短时间内断裂沉没，并将所载的物品倾覆于礁盘内外。处于北礁礁盘内的 3 号遗址发现的大量明末时期的福建漳州窑青花瓷器，在礁盘外也有分布。同时，因散布地点水深（20 ~ 40 米）少受潮汐风浪扰动，保存更

为完好。

永乐环礁由礁环和潟湖两大部分组成，包括有金银岛、甘泉岛、珊瑚岛、全富岛、鸭公岛、银屿、银屿仔、咸舍屿、石屿、晋卿岛、琛航岛、广金岛、羚羊礁和筐仔沙洲。这 12 个小岛和一礁一沙洲被晋卿门、石屿门、银屿门、全富门、老粗门、甘泉门等通海水道分割。中间的潟湖平均水深在 40 米左右，水面广阔。永乐环礁的各个通海水道非常宽阔，内中的潟湖水深适宜抛锚住泊；甘泉岛、珊瑚岛上还有弥足珍贵的淡水提供补给。在呈环状分布的岛、礁、沙洲保护下形成了一个天然的避风泊船锚地，一般情况下可避 7 级左右的海风。时至今日，我国在西沙、中沙作业以及前往南沙捕鱼的渔民因其地理位置适中、便于补给、方便进出，仍在此停泊。这里初步发现的水下文物遗存地点有 7 处之多，有青瓷、青白瓷、青花瓷等，文物的年代从北宋到清末都有。每一处地点的文物分布范围较大，散落于珊瑚丛中，看不出任何相关联的沉船痕迹，估计并非是沉船的原发地点。在永乐环礁所发现的瓷器当中有相当一部分是损坏的粗陶瓷、黑釉小口罐、质量低劣的青瓷碗等物品，它们应当是船上的生活用具，因不堪使用而被船员主动丢弃。③

七、结语

通过海路交通史，我们可以进而探究曾经蓬勃兴盛的海上商贸与文化活动。本章从西沙华光礁 I 号沉没原因入手，试图了解古代中外贸易、航路航线、造船与航海技术以及南海海区航行模式，以期将沉船这一古代社会的剖面部分还原。

总体上讲，在对西沙群岛的历次水下考古调查中，我们发现的水下文物遗存大体分布在礁盘内侧的浅水区。这一方面因为搁浅是造成古代船只遇难的主要原因；另一方面，冬季的南海盛行强烈的东北季风，海涛汹涌，不适宜在礁盘外进行潜水作业。随着先进的自然科学手段在水下考古中的不断应用，我们对西南中沙群岛的水下文物调查还将更加深入，走向深蓝。

【注释】

①孙键：《南海沉船与宋代瓷器外销》，《中国文化遗产》2007 年第 4 期。

②孙键：《南海沉船与宋瓷外销》，《中外文化交流》2008 年第 1 期。

③孟原召：《华光礁一号沉船与宋代南海贸易》，《博物院》2018 年第 2 期。

海上丝绸之路南海段申报世界遗产

　　海上丝绸之路（简称"海丝"）申报世界遗产是一个线性文化遗产申报工作，具有线路完整性，而南海作为海上丝绸之路的航海大通道，海南作为海上丝绸之路上的重要节点，申请加入海上丝绸之路申报世界遗产具有历史必然性和现实可能性。经海南省博物馆（省文物考古研究所）于 2015 年对海南省各级文物保护单位中与海上丝绸之路相关的 67 处历史文化遗存进行核查，根据遗址年代、性质、价值、保存情况等，从中初选了 6 处作为"海丝"申遗史迹点，上报国家文物局纳入海上丝绸之路申遗预备名单。6 处史迹点分别是三沙北礁沉船遗址群、珊瑚岛沉船遗址、甘泉岛唐宋居住遗址、三亚藤桥伊斯兰墓群、文昌斗柄塔、澄迈福安窑址群。

　　海上丝绸之路是一项历经 2000 多年，覆盖大半个地球，体现人类历史活动和东西方文化交流的线路载体，它揭示了东西方不同民族、不同文明之间交流互动、共存共荣的历史过程。保护和复兴这个历史过程遗留下来的珍贵文化遗产，是全人类不可推卸的责任。

一、"海丝"申遗简介

　　海上丝绸之路申遗，开始于福建泉州。早在 2002 年，福建省正式向国家文物局提交由时任福建省省长习近平同志签发的申报文本，之后经历了遗产点的研究、环境整治、联合国官员考察等工作，但由于"海丝"是一个文化线路项目，以泉州一地申报，一直未能得到联合国教科文组织世界遗产中心的认可。2006 年 12 月，国家文物局第一次公布《中国世界文化遗产预备名单》，"丝绸之路"入选，包括了陆上和海上。当时，"海丝"城市主要是泉州和宁波。后来，随着认识逐步深入，视野逐步拓宽，至 2012 年 10 月，又先后有蓬莱、广州、北海、扬州、漳州、福州、南京加入"海丝"申遗。在此期间，海南省曾向国家文物局提出将海上丝绸之路南海段纳入"海丝"申遗计划，但未得到认可。

2016 年 3 月，国家文物局召开海上丝绸之路文化遗产保护和申遗工作会议，传达国务院"海丝"申遗协调会议的精神，明确由泉州牵头，联合广州、南京、宁波等城市将"海上丝绸之路·中国史迹"作为我国 2018 年申报世界文化遗产的推荐项目。

2016 年 5 月，海上丝绸之路联合申遗城市联席工作会议在福建泉州举行，确定了最终的申遗路线，泉州、广州、宁波、南京 4 个城市共同签订了《海上丝绸之路保护与申遗中国城市联盟章程》和《中国海上丝绸之路保护与申遗城市联盟关于保护海上丝绸之路遗产的联合协定》。组建我国"海丝"保护与申遗城市联盟，旨在通过"海丝"申报世界文化遗产工作，推动形成关于"海丝"跨国文化线路的国内和国际共识，推动"海丝"遗产的整体保护和永续发展。

2017 年 4 月 20 日，国家文物局在广州召开海上丝绸之路保护和申遗工作会议，商讨如何进一步推进海上丝绸之路的保护、管理和申报世界文化遗产工作，确定了新的申遗路线，海上丝绸之路申请世界文化遗产要在联合国教科文组织世界遗产中心的支持下联合"海丝"沿线国家共同开展。会议推选广州作为牵头城市，将成立联合申遗办公室，定期召开联席会议，加强与相关省市、专业技术团队的合作，推进后续工作；加强和深化海上丝绸之路主题研究，开展多学科研究；全面系统梳理、确定遗产申报点，并按文物保护和申报要求做好各项保护工作。

近期，联合国教科文组织世界遗产中心对"海上丝绸之路·中国史迹"的申报提出意见，认为海上丝绸之路是一项世界性的文化遗产，应该在世界学术界达成共识，由海上丝绸之路相关国家联合申报。

二、海南"海丝"申遗的既往工作

1. 开展海上丝绸之路文物资源调查

该项工作从 2014 年初开展，对海南省各级文物保护单位进行调查和研究，经初步筛选，全省范围内各级文物保护单位中与海上丝绸之路相关的历史文化遗存共计 67 处。其中全国重点文物保护单位 8 处、省级文物保护单位 22 处、市县级文物保护单位 37 处。文物类型涵盖了古遗址、古墓葬、古建筑、石刻、近现代重要史迹及代表性建筑。

2. 组织遴选申遗代表性史迹点

经海南省博物馆（省文物考古研究所）于 2015 年对海南省各级文物保护单位中与海上丝绸之路相关的 67 处历史文化遗存进行核查，根据遗址年代、性质、价值、保存情况等，从中初选了 6 处作为"海丝"申遗史迹点，上报国家文物局纳入海上丝绸之路申遗预备名单。6 处史迹点分别是三沙北礁沉船遗址群、珊瑚岛沉船遗址、甘泉岛唐宋居住遗址、三亚藤桥伊斯兰墓群、文昌斗柄塔、澄迈福安窑址群。

三、海南省 6 处申遗史迹点基本情况

1. 全国重点文物保护单位——北礁沉船遗址群（唐至清）

北礁沉船遗址群位于海南省三沙市西沙群岛北部的北礁东北礁盘上。自唐代起，它就是我国海上丝绸之路的必经之地，历经宋、元、明、清。1974 年、1975 年，考古队对北礁一部分沉船遗址进行了水下发掘；1996 年、1998—1999 年，我国西沙考古队又多次对北礁沉船遗址进行了调查和发掘等考古工作，共发现 35 处沉船遗址或遗物点，打捞起 3000 余件自唐起至清的陶瓷器和大量的历代铜钱及铜器、铜锭、石制品等遗物。

北礁作为海上丝绸之路南海段的重要节点和地望，是南海传统航线的必经之地，古代航船往来于此帆影重重。北礁发现的沉船遗址及大量的船载文物，从不同方面反映出古代中国南海航路的兴盛、海上丝绸之路中外贸易交往的繁荣，展现了我国古代航海技术的高度发展水平。西沙北礁沉船遗址的水下考古发现，不

仅证明西沙群岛是我国航海先民最早发现，而且充分证明从唐宋以来，我国先民对西沙群岛的开发经营就一直持续不断。

2. 全国重点文物保护单位——珊瑚岛沉船遗址（宋至清）

珊瑚岛沉船遗址位于海南省三沙市西沙群岛永乐环礁。珊瑚岛下的礁盘自东北至东南逐渐伸展扩大，其上散布较多的礁块，礁缘上发育有沟谷。经考古调查，在珊瑚岛东北礁盘约 5 米深的水下发现 3 处遗物地点，其中 1 号和 3 号遗物点主要是陶瓷器，2 号遗物点是石雕建筑构件。1 号遗物点出水的陶瓷器约 100 件，几乎都是宋代民窑生产的，瓷器有青釉和青白釉 2 种。2 号遗物点为一处沉船遗迹，散落有许多形状各异、品种较多的石雕构件，从造型风格上看当属清代。

珊瑚岛 I 号沉船遗址发现于 2010 年，2012—2014 年对其进行了水下考古调查，2015 年对其进行了水下考古发掘。沉船遗址位于珊瑚岛东北方向 1000 米左右的海域内，遗址海底为板结较硬的珊瑚和珊瑚沙，有少量礁石，海床高低起伏不平，多条南北向的冲沟穿过遗址。北部较深，最深处约 5 米（高平潮），南部较浅，靠近珊瑚岛礁盘处深度约 1 米（高平潮），高平潮与低平潮潮差为 1 米左右，遗址南部近礁盘处低平潮时部分位置已经露出海面。

经水下调查和发掘，珊瑚岛 I 号沉船遗址没有发现船体，以石质雕刻建筑构件为主要堆积，另发现有少量青花和白釉瓷器碎片，水下文物集中分布在两条南北向的冲沟内和冲沟之间的海床上，集中分布范围东西宽约 40 米，南北长 60 米，珊瑚岛礁盘上也散落有少量的文物。遗址现存大小石构件共计 274 件，可以分为石像、石板、石条、石柱础、石柱、擂钵、石杵等七大类。

初步判断，该沉船为一艘专门运输石雕文物与建筑构件的清代远洋运输船。这批石雕文物与建筑构件并非传统的外销货物，而是用于运往东南亚建造祠堂庙宇等大型公共建筑的，与明清时期华人华侨下南洋的开发移民史密切相关。

3. 全国重点文物保护单位——甘泉岛唐宋居住遗址（唐至宋）

甘泉岛位于海南省三沙市西沙群岛永乐环礁西部，渔民俗称"圆峙"，以井泉甘甜著名。1974 年、1975 年、1996 年，分别进行了调查和发掘，共发掘出土和采集了唐宋时期的陶瓷器等文物近 130 件。这些瓷器全都由我国内地的广东、福建等地的民窑烧造生产，且几乎都是残片，数量不多，品种复杂，不少质地比较粗糙的碟、碗、瓶、罐，显然是我国居民的日常生活用品。而铁锅口沿的发现，更是他们在岛上生活、居住的见证。

西沙甘泉岛遗址的发现，从地层学和出土文物证明，早在唐宋之际，已有我国沿海先民经由海路航行到此，并在此居住、生产、生活，从而留下这批遗物。甘泉岛地理位置重要，航线密集交汇，又拥有天然淡水和植被，是海上丝绸之路南海段的重要节点、地标，是避风、补给、避难之所和季节性居住地。

4. 全国重点文物保护单位——三亚藤桥古墓群（唐至明）

藤桥墓群分布于海南省三亚市海棠湾镇林旺东溪乡番岭坡。墓群占地面积7800平方米，共发现墓葬45座。1983年进行了试掘，经发掘的墓葬皆为竖穴土坑墓，无葬具和随葬品。墓葬前后各竖一块珊瑚石墓碑作墓穴的标志，珊瑚石墓碑雕刻碑文和花鸟图案的一面朝外。墓葬没有封土，分布集中，排列有序，死者头北、脚南、侧身、面朝西，表示面向伊斯兰教圣地麦加，这是典型的古阿拉伯穆斯林葬俗的形制。

三亚藤桥古墓群的发现与保护，对研究我国南方沿海地区穆斯林群体的南来历史、宗教流传和海上丝绸之路波斯、阿拉伯商人水手移居海南的历史，具有重要意义。

5. 全国重点文物保护单位——文昌斗柄塔（明至清）

斗柄塔位于海南省文昌市铺前镇七星岭主峰上，取意为北斗指引，故名斗柄塔。该塔建于明天启五年（1625年），清光绪十三年（1887年）重修。斗柄塔位于琼州海峡东南岸，这里的木兰头海域水急流乱，建塔前，商民渔船经过此，因为没有航标指引，常有海难。该塔兼具风水、镇妖、地标、引航的作用。斗柄塔建立300余年，屡遭雷击，仍屹立至今。

6. 海南省重点文物保护单位——澄迈福安窑址群（元至清）

福安窑址位于海南省澄迈县中兴镇福安村东北1.5千米的碗灶山上。发现于20世纪60年代，20世纪80年代进行了复查。2002年5～6月、2004年3～4月组织过2次发掘。福安窑址窑室有马蹄窑和横式阶级窑2种，瓷器釉色有黄、白、褐多种，窑址持续时间较长，跨度约为元至清。这是目前海南省发现的最成熟的古瓷窑址。

附件：海南"海丝"申遗工作规划建议稿

（2017年5月）

为推进海南省加入海上丝绸之路申报世界文化遗产工作，结合海南省实际，充分调动各方面的积极性，全力以赴做好拟申报"海丝"遗产点的本体保护、环境整治、展示阐释、监测、遗产研究等各项工作，争取国家文物局的支持以列入"海丝"申遗计划。同时，按照国家文物局部署，汇总完成统一的规划、保护、文本提交和国内外协调应对等工作。

1. 加强组织领导，明确职责分工

参照各省申遗的组织架构，尽快成立海南省的申遗组织领导机构，统筹推进海南省申遗工作。

指定专门机构和专人参与"海丝"保护和申遗工作，参加申遗联席会议，明确工作时间节点，与联合申遗的各省市单位同步完成各项工作。

建立协调机制，由省政府、旅文厅、相关文博单位（省博物馆、南海博物馆）、史迹点所在地文物局或文管所以及省内研究海南、南海海上丝绸之路的文化机构等共同参与，明确各单位的职责分工，落实负责人、实施人、时间计划等。

成立专家组指导各阶段、各项工作顺利开展，如邀请曾参与且已经申遗成功的如陆上丝绸之路申遗、大运河申遗等的专家。根据国家文物局在广州召开的海上丝绸之路保护和申遗工作会议，在联合申遗办公室具体指导下，针对申遗要求和硬性指标，对前一阶段海南省申遗工作进行梳理，找出不足，明确下一步工作任务。

2. 开展对海南省申遗点的学术研究

在前一阶段申遗工作的基础上，按照世界遗产申报标准规范的要求，对海南省初选推荐点加强基础研究，结合考古、文献、航海史、中外交流史等领域，加强备选申遗点的价值提炼，完善申遗文本的基础资料。

3. 加强申遗点的保护与管理

初选的6处申遗点包括4处国保2处省保，由省政府督促各申遗点所在地市县政府，落实完善文物保护单位"四有"制度：划定保护范围，作出标志说明，建立记录档案，设立专门机构和专人负责管理。

4.加快推进申遗点的保护规划编制，推进保护、展示、利用

由各市县政府组织，省旅文厅审核指导，开展申遗点保护规划编制、实施，加强文物本体保护和周边环境整治、历史风貌保护复原。如由三沙市政府组织，海南省旅文厅审核指导，依托全国重点文物保护单位甘泉岛唐宋居住遗址，规划建设我国最南端也是唯一一处海疆上的考古遗址公园——甘泉岛国家考古遗址公园，对甘泉岛唐宋居住遗址进行保护规划和纪念性展示，对甘泉岛整体进行南海丝路历史驿站的风貌复原。依托海南省重点文物保护单位珊瑚岛沉船遗址（作者注：2019年被列入全国重点文物保护单位），划设水下文物和珊瑚礁保护展示区，将沉船考古与生态保护结合，打造国际一流的水下沉船遗址生态博物馆。

5.加强保障

提请国家文物局支持更多国家重点文物保护项目落地海南。在项目审批、资金支持、平台建设、机构共建和人才培养等方面，争取国家向海南重点倾斜。适时加强中沙、南沙群岛考古调查和文物保护工作。从国家层面，彰显三沙文物保护与南海文化遗产的重要意义。

提请财政部、省财政厅支持，设立海上丝绸之路南海段申遗专项基金，以政府资金为主导，支持定期开展重点研究课题和保护项目，加强宣传展示。

第十章 琼北大地震海底村庄废墟遗址调查走访

为配合国家海洋开发战略，推进国际旅游岛建设，深度挖掘海南省海上丝绸之路历史文化内涵，海南省博物馆南海水下考古研究中心组织开展了"2014年度琼北大地震陆陷成海——海底村庄废墟遗址调查"项目。自2014年3月至9月，在有关单位的支持协助下，水下中心组织相关业务人员对计划调查区域进行了实地走访、勘查。截至2014年9月，已基本完成年度走访计划，获得了大量的一手资料和宝贵的工作经验。现就该阶段工作介绍如下。

一、项目背景与地理环境

在位于海口市琼山区东北海岸的东营港、北创港、东寨港和位于文昌市的铺前港等地的波涛之中，掩埋着72个"海底村庄"，它们因400多年前一次大地震而成，是迄今发现的我国历史上唯一的陆陷成海的地震废墟，在海南已发现的明清遗址中是最具特色的一处。这里较完整地保存了明代万历年间海南村庄的风土人情与文化面貌，因此开展有关水下文化遗产调查，对了解海南明清时期的社会文化面貌具有积极意义。据各种材料记述，这片海域内埋藏了大量当时的建筑，对研究海南明清时期的建筑特点与社会风俗具有积极意义；对研究海陆变迁、人地和谐，具有多学科综合调查研究的学术价值和现实意义。

海底村庄遗址位于海南省东北部，在海口市东北海岸的东营港、东寨港和文昌市铺前港海域海底和海边滩涂均有分布。海底村庄遗址是在 1605 年（明万历三十三年）的大地震中，由于地层陷落形成的。遗址分布地区内的海岸线曲折多弯，海湾开阔，形状似漏斗，滩面缓平，微呈阶梯状，有许多曲折迂回的潮水沟分布其间。涨潮时沟内充满水流，滩面被淹没；退潮时，滩面裸露，形成分割破碎的沼泽滩面，部分遗迹现象显露于滩涂带。遗址分布区域内有东寨港国家级自然保护区，属湿地类生态保护区，以保护沿岸红树林为主。海域水深 1～20 米，岸边多有红树林，植被茂密，海底为淤泥或海砂礁石底质。其中海口演丰镇、三江农场沿岸有大面积红树林，海底表层为深 1～2 米的淤泥；文昌铺前镇、罗豆农场沿岸亦有大面积红树林，海底表层为深 0.5～1 米的淤泥；靠近文昌铺前镇部分海域岸边为沙滩，海底为砂石底质。

据《中国沿海潮汐类型分布特点》一书，该海域潮汐为不规则半日潮，退潮时沿岸会显露大面积滩涂，部分地区退大潮时会有石棺墓、房屋建筑构件等遗迹现象。

二、调查目标与队伍组成

海底村庄所属范围大，陆上调查工作涉及区域较广，根据其所属海域的地理水文条件和海洋文化积淀，分成 4 个调查区：东营港、北创港、东寨港和铺前港。整体调查范围北至木兰头，南至秀生大村海域。计划调查的海底村庄沉没海域周边村庄有铺渔村、北山村、试场村、铺港村、南山村、后港村、后坡村、新田村、山尾村、美德村、下僚洋、牛六坡、后港园、南洋村、高头井、高梅村、新安村、南溪村、山良村、榜头村、上园村、竹排坡、上山村、沟边村、竹山村、林市村、边海村、下厂村、田边村、后山村、云路村、录尾村、兴辉村、下塘村、北排村、山尾村、东排头、沙土市、和公村、道学村、茄南村、南头村、秀生大村，共计 43 个村庄。

调查队由水下中心牵头组织，成员包括李钊、蒋斌、王辉山、贾宾、张聪、韩飞、陈标。由李钊、蒋斌、王辉山根据实际工作情况各自带队调查，对计划调查区域进行实地走访、踏勘。

三、调查方法与进度

此次调查项目主要采用实地走访的调查方法。通过对计划调查村庄进行实地走访，同当地村民进行交谈、询问，搜集有关海底村庄和水下文化遗存的信息，再对搜集到的信息进行整理、分析，比较相关文献，对可能存在水下遗存的海域进行水下探摸和物理探测。

截至 2014 年 8 月，调查队赴铺前、罗豆、三江、演丰、桂林洋等地进行了 12 次阶段性调查，对几个乡镇所属的 65 个村（或地点）进行了实地走访，覆盖全部计划调查区域。其中涵盖计划调查村庄 34 个。

四、走访调查情况

林市村 向导黄宏远。黄宏远，男，1944 年生，从小居住于林市村。据其介绍，林市村村民 180 多人，有 10 个姓氏。他在林市村周边海域见过海底村庄的贞节牌坊、石棺、桥、瓦片等，这些遗物遗迹多在退潮时显露于滩涂上。贞节牌坊位于林市村南部海域，石棺位于林市村北部海域。当地村民曾在退潮时于村边滩涂捡到碗。1969 年广东省博物馆来此地做过考古工作，发掘、采集有碗、铜钱、瓦片等；同年美国考古人员亦来此地开展考古工作，采集有碗、带纹饰的瓦片。2011 年海南师范大学曾有人来此地拍摄水下遗存材料，2013 年央视在此地拍过石棺。黄宏远老人讲述，其父曾在族谱上记录明万历琼北大地震情况，并拿出族谱给调查人员看。黄宏远以前也曾在村西北海域海底石棺滩涂捡到象牙笏板、绿釉瓷方碟、五彩瓷碟、金属流六棱瓷壶、陶莲花形器底，据其介绍这些器物都用酸泡过。在黄宏远老人的带领下，调查队对石牌坊和石棺地点进行了调查。石牌坊处，地理坐标为 19°59′27.44″N、110°32′51.99″E，深度计测 3.8 米。石棺处，退潮时显露出水面，地理坐标为 19°59′52.60″N、110°33′56.79″E。

铺前镇 向导杨许丰（阿文）。渔民阿文生长于此地，以钓鱼为业，了解海南周边易钓鱼的地点。据其介绍，容易钓鱼的地方水下多有礁石、水底村庄或沉船，他的一条渔船装有声呐系统，可做简单的水底测量。

铺前港港门 地理坐标为 20°01′27.74″N、110°33′59.49″E。该地点位于铺前港港门左侧（北港村东北），距北港村 50 米。据渔民阿文介绍，此处水下有石块或疑似石棺、房屋，水深 5.8 米。水下物体经查为礁石。

北港村东北海域石棺点 地理坐标为 20°01′30.89″N、110°33′38.78″E。据阿文介绍，其父于三四十年前在此地退潮时见有石棺露出水面，水深 1.2 米。

铺前港港门灯塔处 地理坐标为 20°02′12.79″N、110°33′55.46″E，水深 2～4 米。据阿文介绍，此处有六棱石构件。铺前港港门向北行驶至美兰、美港村正西方向海域退潮时有礁石、石构件露出。

北港村岛 地理坐标为 20°01′13.04″N、110°34′00.43″E。北港村正北海滩有制盐用水渠，水渠靠近防波堤处发现有清道光十七年（1837 年）墓碑一块，火山岩质地，字迹清晰，被用作水渠砖板。此处亦发现有六棱形石柱数根、石砖数块，也被用作建造水渠的石材。当地饶姓村民介绍，多年前此海域在退潮时房屋、水井、石棺可露出水面；在桂林洋海域水深 5 米处有石构件和建筑遗址。另有当地村民介绍，乾隆年间当地有旅越华侨饶新孝，水渠紧靠的西边即为其房屋旧址，可见有六棱石柱散落。北港村西侧庙正对海域，水深 1 米。据阿文介绍，此处水下有石构件，退潮时候可以显露。铺前港杨姓渔民介绍，在七星岭东北外约 8 海里、离岸 1 千米、水深十几米处下网曾带上来瓷碗。

南山村 位于铺前镇中心西南角海边，隔海正南方为演丰曲口村，正东为北港村。地理坐标为 20°01′13.94″N、110°34′35.24″E。调查发现防波堤下的海滩在退潮时可见有散落建筑石构件、大石臼，未见遗迹现象，推测为多次筑堤就近取材遗留的石材。经向当地村民了解，这些建筑构件为当地村民修新房时拆掉的旧房石材。该村常住人口几千人，以张姓、徐姓最多。

后港村 位于南山村正东且相邻，与南山村一路之隔。地理坐标为 20°01′11.43″N、110°34′44.00″E。据海边村民介绍，三江海域有石棺，在退潮时会露出水面。

长宁尾村红树林景区 从路边商贩了解，这附近海域在退潮时曾有海底村庄遗迹显露，当地正在修建景区相关的旅游设施。当地黄奕林老人介绍，野菠萝岛上有少量石棺墓。黄奕林，海口市港航务公司退休职工，退休前开客、货大船，到过广州、汕头、香港等地，有多年的驾船经验。乘坐黄奕林老人的小木船，从长宁尾向东沿河道划行，途经山尾头村（位于长宁尾正东相邻），大约 15 分钟到达野菠萝岛。野菠萝岛位于山尾头村南调圮村，西邻栏尾村。野菠萝岛东部有已揭开的石棺墓 1 座，地理坐标为 19°57′15.88″N、110°35′14.68″E，石棺墓呈正东西走向，残长 132 厘米，残宽 60 厘米，另有石板散落一旁。在据此墓正南约 20 米的地方有石棺、石板散落。据黄奕林老先生介绍，前几年央视来此拍摄过红树林相关题材影片。野菠萝岛东边的栏尾村有百年前的水井，如今已弃用。

博文村 据当地吴姓渔民介绍，海边在退潮时有石棺显露，石棺旁边有形状各异的礁石。据吴姓渔民告知的方位判断，其所述石棺应为林市村西北海域石棺。

南溪村 去年（2013 年）调查中来过此地，实地勘察了南溪村西边海域、滩涂。地理坐标为 19°59′31.85″N、110°36′42.55″E。正西为演丰镇各沿海村庄，北端为浮水墩，岸边滩涂未见遗迹现象。

南洋村 地理坐标为 20°00′16.49″N、110°36′28.46″E。调查队与村民符阿弟和符阿婆了解了情况：当地有 70 多户人家，其中男丁 250 人；村民多在海边捡海蛎，少有出海打鱼作业的；海底村庄在铺前一带较多。符阿婆还介绍，南洋村周边未见过石构件或遗迹现象，听人说演丰一带有水井、石棺。

放牛岛 地理坐标为 20°00′26.26″N、110°36′02.35″E。放牛岛村位于南洋村西北，与南洋村有 1 条土路相连，小路两旁为红树林，岛上多为鱼虾养殖塘，有 1 个旅游会所但已停业。未见遗物遗迹现象。浮水墩位于放牛岛西南，铺前位于其西北。

桂林洋海域疑似点 地理坐标为 20°02′34.00″N、110°28′12.21″E。乘坐渔民阿文的小船出海，阿文用简易声呐系统探测水底起伏程度。下水探摸，以该疑似点为圆心进行圆周搜索，李钊、韩飞下水，水深 6.7 米。水下为黄沙底，零散分布大小不一的礁石，未见有遗物遗迹现象，水下悬浮物多，能见度约 50 厘米。在第一探摸点西南不远处，地理坐标为 20°02′24.17″N、110°29′18.08″E，又以该点为圆心进行圆周搜索，李钊、韩飞下水，水深 5 米。水下为黄沙底，零散分布大小不一的礁石，未见有遗物遗迹现象，水下能见度约 1 米。

浮水墩 地理坐标为 19°59′51.03″N、110°35′27.10″E。浮水墩位于演丰下厂村正东不远水面，面积不大，有墓葬数十座，中间位置有露出砖石墓葬 1 座，顶部有后人放置的珊瑚石构件，不见墓碑。砖石形状小而薄，推测该墓时间不晚于明代。岛上其余墓葬均为小封土墓。

铺渔村修船厂　位于铺渔村和下田村交界处的海边，地理坐标为 20°01′49.26″N、110°34′28.36″E。据渔民阿文介绍，该船厂在 50 多年前就有使用，现在仍在使用。早期船厂使用的滑轮为木制，以维修木制小船为主，亦维修小型的玻璃钢船、铁船。

书田村　属山尾村委会管辖，地理坐标为 19°57′33.65″N、110°35′05.60″E。据书田村时年 60 岁的林姓村民介绍，山尾村有十几个自然村，书田村当地多做海水养殖，鲜有捕鱼作业。该村以前有少量耕地，后因海水倒灌无法继续耕种。林姓村民儿时在下塘村捕鱼时见到过石门。听别人说曲口一带海域有海底村庄，书田村一带海域没见过任何遗迹现象。

山尾头村　地理坐标为 19°57′23.02″N、110°35′15.31″E。据当地时年 86 岁的陈阿公介绍，他家在 100 年前左右搬至该地，自己不清楚地震情况，他本人以前在海口做装货船的工作，他家祭祖在下塘村，推测其家应由下塘村搬至此地。该老人听人说过有海底村庄，但是从未亲眼见过。另有搬至此地 8 个月的福建籍海虾养殖户介绍，他未见过海底村庄遗迹现象。亦有村口 80 岁的陈阿公介绍，其年轻时在铺前一代开船，未见过海底村庄遗迹现象。

苍头村　地理坐标为 19°57′31.78″N、110°35′20.30″E。据当地村民周洪介绍，苍头村只有周姓，以捕鱼虾为生，在苍头村海域有固定的捕捞地点。苍头海域未见过海底村庄遗迹现象，听说曲口一带海域有海底村庄遗迹。其叔父在年幼时在苍头东南角海域见过石棺，现已不见痕迹。

仓头村　地理坐标为 20°00′24.14″N、110°32′09.71″E。村东边海域有大片红树林，经实地调查见有陈氏祖祠、周氏祖祠各 1 座，推测陈、周应为当地大姓。该村东南近海边处(红林饭店后面)见有主古墓 1 座，墓碑有较新的描红，碑上有"明高上祖考陈大公妣沈会婆墓""乾隆十三年清明吉立"字样。据红树林边的渔民介绍，在村边一带海域未见过海底村庄遗迹现象，听人说桂林洋一带海域有。

边海村　地理坐标为 20°00′03.02″N、110°34′23.24″E。调查队从东北角海边登陆，未见村民不得问询，只见关帝庙 1 座。

下厂村　地理坐标为 19°59′50.12″N、110°35′14.98″E。据下厂村码头边居

住的王姓村民介绍,浮水墩附近退潮时曾经见有整块石头凿制成的石棺,未见棺盖,现已被淤泥掩埋。另有林姓村民介绍,该村有80多户人家,有王、林、何三姓。

渡头村 地理坐标为 20°01′11.90″N、110°36′38.44″E。经了解,该村有张、陈、刘三大姓。据村西海边陈姓养殖户介绍,渡头村西北曾有渡口1个,名为"安仁渡口",可以在该地乘船到铺前,七八年前还在使用,后公路(212省道)修好后弃用。现在渡头村村民多以虾塘养殖为业,少有捕鱼,他本人未在此地见过海底村庄遗迹现象,听人说铺前一带海域有。另有刘姓养殖户介绍,海南解放前该村男村民都以打鱼为生,解放后由生产队安排;他十几岁在浮水墩附近玩耍时,见到过建筑遗迹。渡头村村内刘姓老人介绍,该村有四十几户人家,他儿时在北港村附近捕鱼时见过海底村庄遗迹(房址、石棺),20世纪七八十年代有人来渡口村打井,在20～30米深度的泥土中发现有贝壳和海螺。现在此地有一小河沟,推测以前为大河床,与地震后的地质变迁有关。省道修好之前该村村民都是在渡口坐船到铺前赶集,后走公路到罗豆赶集。

港东村 地理坐标为 20°00′51.67″N、110°36′53.38″E。据村里潘姓老人介绍,该村有100多人,1户周姓,其余都为潘姓,其祖父从铺前迁至此地。村东有牛六坡小岛,大小约100亩(1亩≈666.67平方米)。

牛六坡 地理坐标为 20°00′58.82″N、110°36′49.94″E。据岛上政府立的地名牌所示,该地原名"牛栏坡",因"栏"和"六"在海南话中发音近似,又名"牛六坡"。岛上有傅姓老人正在捕鱼,老人时年81岁,是位老渔民,毕业于海口小学。据他介绍,从前此地为草坡,附近村民在这里放牛羊。十几年前政府鼓励挖塘养殖,变成现在的样子。海底村庄应分布在现今的北港村至演丰一带,他以前打鱼时在北港村附近海域见到过石臼、石棺,现在可能被淤泥淹没了。今浮水墩的位置应该为地震以前的秀田村。他还介绍了关于地震的一个传说:地震前,有一只神鸟在"呼咯呼咯"鸣叫,海南话意为"去咯去咯",意思是告诫人们离开这里,果然离开这里的人都从地震中获救。

秀田村 地理坐标为 20°01′14.87″N、110°37′44.89″E。当地陈姓老人时年90岁,据其介绍,他们村搬迁至此到他一辈已有十代,不是从现在的浮水墩搬来的。秀田村分为东、西两村,秀田西村从上僚迁来,秀田东村从东城村迁来。东西两村人都姓陈，但不同族，相互通婚。秀田村原名为"守田村"，因"守""秀"二字在海南话中发音相近，慢慢地人们改为秀田村。该地以前有大片田地，有 2 户人家看守，随着时代推移，2 户人家繁衍生息，发展为小村庄，该村也因此得名守田村，后来慢慢演化为秀田村。

上僚村　地理坐标为 20°01′28.43″N、110°37′37.48″E。据陈姓老人介绍，该村只有极少数人出海捕鱼。他十几岁在浮水墩海边捡螺时见到过石臼、石棺、墓板等海底村庄遗迹。陈老伯为此地的第十七代，推测其祖上应为万历琼北大地震之后迁至此地。据其介绍，他的祖先很爱吃鱼，所以从罗豆的潭头村到此地海边抓鱼吃，然后定居。以前铺前、罗豆之间有一条小河沟，河沟两边的百姓可以相互借火煮饭，说明当时河沟很小。现今罗豆与铺前之间的河沟远不像以前说的那么小，推测可能是因为地震造成的地形变化。下僚洋在当地被称为"下流洋"。

文园村　地理坐标为 20°01′22.39″N、110°34′49.67″E。据当地林姓村民介绍，文园村 1977 年时有 9 户人家 42 人，现在户数不详，年轻人多外出打工，常住人口大概 40 人，村里林、陈、黎姓较多。其祖上迁至此地有 100 多年历史，未见过海底村庄相关的遗迹现象，当地人生活以耕种为主。听别人说浮水墩一带有海底村庄、北港村一带海底有古水井（北港村靠近塔市方向）。

下尾渡　下尾渡是下僚洋渡口，地理坐标为 20°01′04.88″N、110°36′11.92″E。位于下僚洋南端，在此向西南可见牛六坡，距牛六坡仅有 1 条宽约 50 米的河沟，河沟两边为红树林；南略偏东位置为浮水墩、下厂村。渡口边为人工养殖塘，靠海边位置有少量红树林带。村里阿婆介绍说，现在的浮水墩以前叫"秀田墩"。陈姓阿公介绍，这一带没有海底村庄遗迹，浮水墩至三江一带有石棺；其祖父从北港村迁至此地，本村有人家 10 户，年轻人多外出打工，村内常住人口较少；下僚洋原名"下流洋"。另有钻探队在此地打井时曾说，地下为岩石。当地人盛传脚下土地为硬石，地震不会陷落。

高头井村西南水塔　地理坐标为 20°00′03.10″N、110°36′35.68″E。据海边养殖户介绍，此地未见过海底村庄遗迹现象，本村很少人出海作业，高梅村有人出海打鱼，应该了解情况。

高梅村　地理坐标为 19°59′56.14″N、110°36′46.82″E。该村有居民 50 多户，

1 户王姓，其余姓谢。高梅村海边以前有海底村庄遗迹。据渔民谢盛慧介绍，高梅村村民多在海边捕鱼，该村以前名为"沟尾村"，因与"高梅"谐音，后更名为"高梅"。推测此地以前应该有河沟，且该村位于河沟的尽头处。

东寨港　地理坐标为 19°58′33.37″N、110°36′56.02″E。调查点位于罗豆中心小学西边海域。此地可见罗亭坡，据介绍，退大潮时可以从滩涂走到罗亭坡上，现今进退潮看不见任何遗迹现象。罗亭坡上有五六个虾塘，已弃用多年。

榜头村　地理坐标为 19°58′02.14″N、110°37′21.14″E。据当地村民介绍，该村部分村民农闲时候会抓鱼虾，但不以打鱼为生。罗亭坡上以前有石臼、石棺等。据当地 75 岁老人王绥俊介绍，罗亭坡上有其家族坟，但因位置不便已不去祭拜。老人家族谱显示，他家为第九代迁至此地，到他这一代为第二十九代，其第十一、第十二代祖坟埋在罗亭坡，后因琼北大地震祖坟消失不见，其族谱也记载不详。推测该家族原应住在靠近海边（现已陷落到海底）的位置，因地震关系该族迁至此地。

竹排坡　地理坐标为 19°57′38.42″N、110°36′59.45″E。竹排坡上多人工养殖塘，正北方不远为罗亭坡，东岸退潮时可见滩涂有 30 余米宽，未见遗迹现象。

上园村　地理坐标为 19°57′40.30″N、110°37′19.58″E。该村有欧、何、符、许四大姓氏，村口有欧氏宗祠、何氏宗祠。何敦椿老人，时年 91 岁，曾任文园村生产大队队长。据其族谱记载，其一世祖居于演丰与罗豆之间的河流东岸，后来迁至罗亭坡繁衍生息，至十四世时逢琼北大地震，罗亭坡塌陷，迁至上园村至今。据其介绍，儿时在这一带海域常见有石棺、墓葬，他清楚罗亭坡水下墓葬的位置，当生产队长时还组织群众挖石棺，用石棺石铺路。老人还介绍说，当地对红树林的保护十分重视，以前当地谁家砍了红树就要请戏班演戏给大家看，以示告诫。该村以前有一棵大树，被当地渔民当作航标。

贝坡村　地理坐标为 19°57′19.92″N、110°37′55.36″E。据村口村民介绍，贝坡村以前是 2 个村——文坡村、金坡村，两村居民都是陈姓。金坡村靠海，且一半以上居民以打鱼为生。贝坡村村民是琼北大地震后由靠海边的村庄搬迁至此的。

上山村　地理坐标为 19°56′53.35″N、110°37′39.95″E。据上山村生产队长黄文军介绍，该村 120 户人家，有黄、韩、蒙、吴、郭、何 6 个姓氏。西边海域有小岛"东化坡"。上山村村民何连山家有保护当地红树林的"奉官立禁"石碑1块，碑文记述了当地红树林的分配、使用、砍伐说明。

东化坡 地理坐标为19°57′02.14″N、110°37′10.03″E。位于上山村西边海域，据上山村生产队长黄文军介绍，该地西岸几十年前的海岸线在如今海岸线再向西部海域延伸处，因海水侵蚀，海岸线向内退至现在状态。调查时恰逢退潮，可见滩涂上有大量散落的石棺板、石砖、石臼、陶瓷器碎片，当即采集数件。同时可见海水侵蚀的沿岸断壁中夹杂少量陶瓷碎片。据黄队长介绍，在其儿时，海岸线未至此处，没有见过这些遗物遗迹，并且在东化坡上人工养殖塘挖掘时也未见到过遗物遗迹现象，这些遗物遗迹是海水冲刷地表后显露出来的。他还介绍，农历的十四至十九、二十八至初四，上午为退潮时间，可以在滩涂上开展工作。

梅坡村 地理坐标为19°56′08.84″N、110°38′05.51″E。据当地林姓村民介绍，该村有120户人家，其中60多户姓吴，一两户其他姓，其余为林姓。该村南部为林姓居民，北部为吴姓居民。他们的祖先是从比现在靠海的位置搬迁至此的。以前西边海域有1口水井，现在不详。村西海边有山梁岛。

旗调村 地理坐标为19°56′17.77″N、110°37′53.09″E。据当地吴姓村民介绍，梅坡村村民所说的水井，梅坡村村民经常使用，本村村民不经常去。该村有40多户人家，全部姓吴，与梅坡村吴姓同族，据说祖先生活在比现今更靠海的地方，因为琼北大地震而迁移至此地。该村边海域现在也见有石棺、石砖、石板。该村的耕地区以前为乱坟岗，所以其祖坟已经不见。目前该村以耕种为业，亦有养殖鱼虾，但因效益不好已经弃养。

竹山村 地理坐标为19°55′51.04″N、110°38′08.77″E。据该村66岁村民陈玉来介绍，竹山村海边以前多见石臼、石棺，现在海岸线向内侵蚀且被淤泥掩埋，已见不到那些遗物遗迹。该村有10户许姓居民，是最先来到竹山村的家族。许姓村民祖上住在竹山村海边叫"厚黑"（音译）的地方，后来迁至此地。通过对其族谱的了解，可知其祖上居住在琼北大地震后的陆地陷落区。

山头脊村 地理坐标为19°55′28.12″N、110°38′33.76″E。据该村62岁的周金吉介绍，该村有45户人家，大部分姓周。其祖先经过3次搬迁才至此地：起初在海边沟尾江入海口一带（现在为红树林区）居住，后来因为海岸线内退，搬至瓦灶，最后搬至此地。据其介绍，靠海一带有 1 座祖墓。推测其祖先在那沟尾江入海口一带生活且以淡水产品为食（曾在此发现大量淡水贝壳和生活垃圾），后因地震陆地陷落而逐步内迁，其第十三代迁址山头脊村，现在已经第三十代。

上村村　地理坐标为 19°55′13.48″N、110°38′53.55″E。据当地陈姓村民介绍，该村先祖是琼北大地震后迁至排坡、双塘，后来迁至此地的。本村村民不出海作业，有黄、林、郑 3 个大姓，郑姓最早在该村生活，据说是从地震淹没区迁至此地的。

演州村　地理坐标为 19°54′37.05″N、110°38′26.86″E。据当地村民介绍，该村有陈、唐、许、曾 4 个姓氏，其中陈姓为当地大姓。该村陈姓村民是从靠海的村庄搬至此地的，当地有 1917 年"陈本支派祖"墓碑残部，记述了该村陈氏"明万历由炉山石迁居演州村"。"炉山石"以前在海水退潮时可见有石臼、墓。该村老村主任许环炳介绍，据其族谱记载，以前此村叫"盈州村"，亦有一说"盈州"得名于当地风景优美。参考"陈本支派祖"墓碑，该地可能为民国前后改名为"演州"。当地村民陈文光介绍，当地有一个传说：万历大地震时，有一个老婆婆在地震中逃出，后因想起家里困着一只下蛋多的母鸡，又返回家中去救，不幸因大地陷落被海水淹死。后来，该村每年正月十五都会祭奠这位"母鸡婆婆"，祈求家禽兴旺。

东寨村　地理坐标为 19°53′42.01″N、110°38′22.72″E。据当地 84 岁黄姓老人介绍，该村有 10 多户人家，以黄姓为主。该村村民一直以种田为业，从不出海打鱼。老人自出生就生活在该村，且该村一直名为"东寨村"。此地未见过海底村庄遗迹，三江农场可能有人知道。

昆山村　地理坐标为 19°53′48.80″N、110°36′41.87″E。据当地村民介绍，该村有 60 多户人家，有陆、陈二姓，只有一小部分人打鱼；听说在三江湾一带见过舂米的石臼。

排墩村　地理坐标为 19°53′44.10″N、110°36′34.36″E。据当地 80 岁张姓老人介绍，该地有张、黄、文三大姓；听说三江湾一带有石棺。老人还说，良田园村以前很多人打鱼。

良田园村　地理坐标为 19°53′36.93″N、110°37′45.52″E。据时年 50 岁的陈姓村民介绍，该村现在很少有人打鱼，其父辈有人打鱼，在三江湾一带曾见过石棺、碗。据说在海边大坝建起前该地常被海水倒灌，村民耕种的比例少，多以打鱼为生；

20 世纪 70 年代海边大坝建起后海水不再倒灌，又因到海边的距离远，之前的渔民就转为以耕作农田为业了。

秀生村　地理坐标为 19°54′45.56″N、110°39′12.40″E。据村口 65 岁林姓村民介绍，该村有 70 多户，林、何为当地大姓，其祖上从琼北大地震的陆地沉陷区迁至此地。因为离海边较远，该地居民没有出海打鱼，未见过海底村庄遗迹。

朝凤村　地理坐标为 19°53′03.48″N、110°36′26.85″E。朝凤村紧邻三江镇，位于三江河东岸。据当地 91 岁、83 岁的两位张阿公介绍，该村有 40 多户人家，张、符为当地大姓，1 户人家李姓。本村村民不出海作业，听说三江湾排墩村围海大坝附近海域有水井、石臼。据说该村已有五六百年历史，明琼北大地震时海水未淹没至此，所以该村一直在此地。91 岁的陈阿婆介绍，传说当年琼北大地震的时候 72 个村庄陷落，只有道学村一人被其耕牛救出，现在道学村还有这个获救之人的后人。

南桃村　地理坐标为 19°53′24.58″N、110°35′38.04″E。该村有一队、二队 2 个大队。其中一队有王、杨、陈三姓，二队有卢、王二姓。据二队 28 岁的王阿弟和 70 岁的王阿公介绍，该地只有几户人家出海打鱼，多在三江湾周边作业，王阿弟在浮水墩、铺前一带海域捕鱼。听说有人在铺前、东寨港出海作业时见过建筑石柱构件，该村出海作业渔民未见过。南桃村东南角有石狗 1 尊，据说是南边的罗话村（音译，地图上未见，可能已撤并）有 2 堆天然石头很像老虎，该村为了风水在此立放 1 尊石狗，亦有看家护院的含义。

茄南村　地理坐标为 19°54′21.34″N、110°35′28.00″E。据村口冯姓村民介绍，该村人口约 2000 人，有陈、蒙、韩、王、林、符等姓，该村村民出海捕鱼作业，作业区域在三江湾、铺前港内，最北至浮水墩。以前在退潮时的海边滩涂见过石臼、石砖，在打鱼拖网过程中曾捞到石棺板，具体位置不详，现在未见过。该村陈姓老人介绍，听说过琼北大地震中耕牛救主的传说，并介绍现在博才村韩姓村民至今不吃牛肉，应为当时这个传说中得救之人的后人。

溪头港　地理坐标为 19°54′30.22″N、110°35′49.88″E。溪头港位于溪头村东，是人工小港，停泊独木舟、小型玻璃钢快艇 20 余艘，港内河道两岸分别为溪头村、红树林。

道学码头 地理坐标为 19°55′55.97″N、110°35′55.90″E。位于道学村东侧，为天然码头，仅停泊小型船只数十艘。码头有一条小河道出海，两侧分别为道学村和红树林。另，紧邻小码头内陆为东寨港保护区道学分站。

博才村 地理坐标为 19°54′35.86″N、110°35′31.39″E。博才村有一队和二队，其中二队有蒙、韩两姓，各 30 多户。据 70 多岁的韩阿婆介绍，韩姓村民就是传说中在琼北大地震时被耕牛所救之人的后代，他们从海边地区迁至此地。博才二队有蒙氏、韩氏宗祠各一。

铺前港港门灯塔北偏东方向约 2 海里（4 千米左右） 此处水下有较大面积礁石区，性质存疑。从方位和距离判断，与古仁村遗址的位置接近，有待进一步的物理探测和潜水探摸。该海域距岸 600 ~ 800 米，平均水深 4 米左右，部分点礁退潮时露出水面，目测其为花岗岩材质。

铺前港港门"三角灶"海域潜水探摸 探摸点 1 的地理坐标为 20°04′13.76″N、110°33′44.16″E。最大水深 3.4 米，能见度为 1 米左右。海底礁石区有红色珊瑚，体量大，1 立方米到 3 立方米以上皆有，高出海平面约 1 米，形状不规则，花岗岩性，表面附着珊瑚皮；水下有个别石板，长宽约 20 厘米，厚约 3 厘米，可能为人工石。探摸点 2 的地理坐标为 20°04′14.06″N、110°33′44.65″E，最大水深 4.1 米。水下状况：海底地形平坦，有一层厚约 10 厘米的沙质覆盖层。探摸点 3 与探摸点 2 地点相近，水深 2 米左右。3 个探摸点距岸约 800 米，方向为灯塔往北偏东 3 海里多（6 千米左右），都在"三角灶"海域内。约 1 海里远是"市尾洞"存疑点。返回港口时，登上北港岛北港村走访调查，从蒋应财老先生的陈述中了解到，几年前他在北港村西面海边捡到一串翡翠手镯，年代未知。

桂林洋北海岸线（西起兴洋大道，东至新溪角） 该海岸多被房地产商开发，靠近新溪角海滩一带为鱼塘虾塘，未见村庄。实地调查走访未发现有遗迹遗物。海边有妈祖庙 1 座，名称为"北洋港妈祖庙"，地理坐标为 20°01′24.03″N、110°29′23.38″E，从外观和庙内文字记录判断应为近现代所建，门口妈祖石像是某公司敬赠。

新溪角 地理坐标为 20°01′04.24″N、110°32′53.20″E，东对岸是北港岛，隔海相望。新溪角设有一小码头，停靠的渔船多是附近村民所有，以及摆渡过海到对岸使用。

博度村 地理坐标为 19°59′19.85″N、110°32′01.83″E。据村民黄奕雄介绍，该村全村姓黄，分 3 组，200 多户，2000 多人，600 多年前从福建莆田迁移到此。全村约有 30 户出海放网捕鱼，偶有捞到陶瓷片，认为不吉利又丢回海里。古时候这一带有 75 个村庄，琼北大地震陷落 72 个村庄余 3 个村庄，分别是博度村、北港村和高山村。

云宵村 地理坐标为 20°00′12.03″N、110°32′07.08″E。从西往东依次分布有湖塘村、上园村、云门村、上头村和云宵村。据云宵村 84 岁的陈在辉老人介绍，湖塘村、上园村、云宵村姓陈，云门村姓吴，上头村有周、王、陈三姓。云宵村有 30 户左右，200 多人，外出当建筑工的居多。另有 4 户以捕鱼为生，渔船停靠在村旁红树林岸边，由于淤泥沉积在退潮时偶有见石棺。村中有 1 口水井，冬暖夏凉，水质近矿泉水标准，有家公司想开发此井但村民未同意。另据该村 82 岁的陈献拥老人讲述，其族谱上记载本村是琼北大地震前从福建莆田甘蔗园村迁移至此，但调查队未见族谱。本村有几位百岁老人，包括陈献拥老人的母亲。

文林村 地理坐标为 20°00′00.20″N、110°32′10.85″E。北邻云宵村，南挨茅上村。据村生产队长林瑞介绍，该村有四大姓氏，分别为林、陈、吴、邓，共 40 多户，200 多人，外出打工较多，余有 80 多人在家务农，其中有 8 户出海打鱼，多到铺前七星岭海域放网捕鱼。在北港村靠近塔市方向一带有古水井，退潮时还能见到此水井。在林队长小时候，村旁红树林岸边在海水退潮时还能见到石门槛、柱础等石构件，现今很难看到。

茅上村 地理坐标为 19°59′45.72″N、110°32′16.41″E。据 57 岁的村民陈华川介绍，本村 10 多户，全村姓陈，另外还分有 3 个小村，分别是下塘村、下排村和玉楼村，这 3 个小村都姓徐。他知道有海底村庄、北港村一带海底有古水井（北港村靠近塔市方向），以前还用海底下的石棺材板盖猪圈，现今石棺材板已遗失。由于淤泥沉积，村旁红树林岸边在退潮时偶见石棺。

湖宅园村 地理坐标为 19°59′54.53″N、110°35′00.70″E。湖宅园村西部海边断壁，被海水、风侵蚀严重，断壁高度约 6 米，见有墓葬 1 座，海滩上有散落墓砖，黄色粗砂质地，长 55 厘米、宽 20 厘米、高 9 厘米，年代不详。

后排村 地理坐标为 19°58′32.95″N、110°34′50.15″E。据该村生蚝养殖户林明禄介绍，后排村为 200 多年前从福建迁至此地的村民所建，全村住户都姓林，有 400 多人，从他小时候（林现已 50 多岁）至今海岸线向村内推进了 10 多米。他听村里老人说，在罗豆农场水塔与北排村西边小渡口之间的海域，在落潮时见过以前房屋建筑用石材，他们给该地命名为"村石"，一年中退大潮时能见到一两次。该海域未见过石棺、墓葬。

五、基本认识与工作思路

琼北大地震，发生在明万历三十三年，即公元 1605 年。据《万历琼州府志·杂志》卷十二记载："（万历）三十三年五月二十八日亥时，地大震，自东北起响声如雷。公署民房崩倒殆尽，郡城中压死者几千。地裂水沙涌出，南湖水深三尺，田地陷没者不可胜纪，调塘等都田沉成海计若干顷。二十九日午时，复大震，以后不时震响不止。"

海底村庄遗址群是一处与琼北大地震这一明确特定而重大的历史事件直接相关、直接形成的考古大遗址。由于大地震引发的地质沉陷和海侵，形成了一个范围大、分布广，水下、滩涂、陆地 3 种埋藏形态结合的地震考古—水下大遗址。2014 年度调查发现，海底村庄滩涂遗物以明代的为多，其他区域中则以宋代的遗物居多，明代次之，元代最少，其中有不少宋、明的墓葬。经比对，大部分陶瓷器属福建、粤东等地窑口烧制的外销瓷，应是通过海运而来，反映了当时的海上航线和贸易关系，再次印证了海南岛在海上丝绸之路当中的特殊位置。

据《琼山县文物志》等记载，"沧桑巨变，已成云烟。今天，东寨港海域100 平方公里海面之下，明代琼北大地震遗址——海底村庄，已沉睡了 400 多年。每逢农历朔望期大潮退后，这片陷落海底、沉寂于泥滩之中的古村遗址，便会展现在后人眼前。抬头远望，被海藻贝壳覆裹的石井缸盖、石棺土坑、舂米石臼、房基断柱，历历在目；脚下断石碎瓦、方砖残罐、壶碗盘碟残片，尽在眼底"①。

据地震专家考证，"这次大地震是海南历史上最大的一次地震；海底村庄，成为国内惟一的地震陆陷成海遗址。当年震级 7.5，极震区最大烈度达 10 度，震源深度 15 公里，地面一次垂直升降幅度最大有 3～4 米，陆陷成海遗墟的分布有百余平方公里，包括数十座古村、坟场、牌坊、桥、树、耕地、盐田，以及地震裂痕沟和沙土液化冒水喷沙带等。大震有感范围颇广，北部跨越南岭至湖南临武、广西桂林，东北至粤东惠来、潮州（海阳）一带"[2]。

琼北大地震海底村庄是一处大规模的遗址群，分为陆地—滩涂—水下3种埋藏形态，保存状况不一。由于东寨港特殊的袋状地形，该海域潮差大、潮流快、能见度极低，为开展水下考古工作增加了相当的难度，也迫使我们必须利用新技术创新性地开展工作，且必须与海洋勘测地震地质研究相结合。

2014年度的野外作业结束后，考古队抓紧组织专业人员对所获资料进行了分类整理，撰写了上述年度调查报告。目前，正着手编写国家重点文物保护专项申报文本，将开展为期3年的重点调查，通过试掘、探摸、激光精测、地震地质考察等手段，形成一本调查报告和研究论文集，基本摸清遗址群的分布范围、文化内涵和保存现状，为海底村庄水下大遗址的保护提供一手资料和科学依据。进而充实资料以申报省和国家重点文物保护单位，编制水下大遗址地震考古公园保护规划，建设纪念陈列馆。

综上，对工作思路整理如下：

①已完成东寨港沿岸村庄走访工作，并对走访材料进行整理。

②继续完成资料收集整理后，通过分析找出规律，确定海底村庄遗址分布的密集区域，进行针对性潜水探摸和物探扫测。

③重点寻找遗迹，以确认村庄位置和原海岸线范围。围绕古仁村遗址、贞节坊、戏台和石棺墓等可疑区域展开重点探测。

④通过对海底村庄遗迹材料的收集，结合历史文献和地震资料，进一步归纳当时的人文历史信息，为创建水下文化遗产保护大遗址与地震考古公园提供依据。

【注释】

[1] 岳嵬：《四百年海底村庄水下沉沦》，《海南日报》2005年7月13日第5版。
[2] 同[1]。

第十一章 清澜港与大洲岛
——海南岛东部航线两处沉船遗物点调查

一、文昌市清澜港出水遗物点调查收获

1. 地理位置

清澜港位于海南省文昌市东南部，地处八门湾，是国家一类开放口岸港口、三沙市补给基地、文昌航天发射中心中转枢纽、海南第二大渔港。清澜港是潟湖型天然良港，港内海湾呈葫芦状，面积约 67 平方千米，有海滩红树林 8 万多亩。其位于海南本岛东北岬角，与七洲列岛遥望，是一处重要的海上航线节点。明代曾在此设清蓝守御所，后改成"清澜"，海湾因此得名。

2. 调查经过

2009 年，在第三次全国文物普查海南水下文物专项调查时，调查队根据走访当地渔民所获线索，曾对该地点进行了潜水探摸，但因能见度低，水流急、涌浪大，经过 4 天 12 潜次的探摸，仍未能确认沉船遗址的准确位置。2010 年，海南省文物局组织水下考古队对该地点进行了复查。2012 年，海南省文物考古研究所对该地点及其周边海域滩涂又进行了调查。

3. 海底情况

出水遗物点海域水深仅 3～4 米，海底均为淤泥沙，能见度极低。该地点恰处在清澜港的港门，外为大海，内是港湾，如同口袋的袋口，因此潮汐涨落明显，水流较大。水浅处受涌浪拍打，来回摇晃影响了探摸效率。

4. 出水文物

该地点（编号 WCQLS:I）共收集到青花瓷器 10 件。其中，碗 8 件，盘 1 件，碟 1 件。

碗 分五型。A 型 3 件，如 QLSI：01，敞口，折沿，深弧腹，圈足，口沿内外、内外底分饰弦纹，内底及外壁描绘写意花草。B 型 2 件，如 QLSI：04，敞口，浅斜腹，圈足有鸡心点，内底一圈莲瓣纹，中绘法螺，四壁符号纹。C 型 1 件，QLSI：06，器型小，敞口，折沿，内底饰鸳鸯莲池，构图饱满，钴料呈色较其他发黑。D 型 1 件，QLSI：07，直口，深弧腹，内底绘 11 道弦纹组成的旋涡纹，内外壁绘缠枝花草。E 型 1 件，QLSI：08，涩圈，内底方形纹。

盘 1 件。QLSI：09，蓝釉，涩圈、内底脱釉、内壁施蓝釉、外壁饰青花花草纹。

碟 1 件。QLSI：10，方形，葵口，内壁饰青花仙鹤。

另，有釉陶器盖 1 件，脱釉，桥型钮，捏成。

5. 年代

这批青花瓷器，胎薄、火候高，釉白、钴料发色纯正，内外满釉，多弦纹装饰。经比对后判断，其为明代晚期福建漳州窑系产品。其中，A 型、B 型碗，在漳州诏安秀篆窑址中有同类器出土，D 型碗在安溪窑中有同类器出土。蓝釉盘与平和五寨窑出土蓝釉器类似[①]。整体上，这批瓷器年代应在明万历前后。

综上，清澜港位于海南本岛东北部，地理位置重要，这一天然良港最晚在宋代时已见于史料记载。作为一处古代海上丝绸之路交通航线上的重要节点，靠泊，补给，贸易，中转，不一而足。清澜港遗物点的调查和出水文物，为研究这一历史提供了新的实物材料。由于作业海域的恶劣海况，我们始终未能确认沉船遗址的准确位置。为慎重起见，暂命名为清澜港出水遗物点。从出水器物本身而言，均是青花瓷器，产地窑口一致，为明晚期福建漳州窑产品，非海南本地窑口，且有重复器型。应该说，出水瓷的特征明确，应是由海路而来，是一条沉船的船货。综合该地点的水文海况，我们初步认为，渔民提供的线索点应不是沉船沉没即沉船遗址形成的原生地点，水流、涌浪，尤其大的台风可能使船货散落并被搬运了相当的距离。清澜港内的八门湾有文昌、文教、横山等八大河流注入，带来了丰富的泥沙，很有可能将沉船掩埋于海底。这批瓷器，保存完好，釉色清亮，与珊瑚砂底埋藏环境中保存的器物相比好很多,说明其长期埋于泥沙,隔绝空气和海水,处于厌氧状态,氧化慢。笔者推测,很可能是在大的台风搅动水流后才出露于海床。因此,该地点探摸发现的难度很大,下一步还要扩大范围,并利用物理探测手段进行。

同样在文昌市境内,清澜港东北的铜鼓岭脚下的宝陵港早在 20 世纪 90 年代即发现了一处南明时期(清初)的沉船遗址[2],出水了大量铜锣、铜钱、瓷器,包括较多的永历通宝。清澜港遗物点的年代大致在明晚期万历前后,与宝陵港沉船同属一个时代。明晚期隆庆开海禁之后,我国海上对外贸易交往迎来了继南宋之后的又一个高峰。在这一时代刻度内,相继发现了汕头南澳 I 号,文昌宝陵港 I 号、清澜港遗物点,西沙北礁 3 号遗址和遗物点,为我们研究这段历史提供了越来越多的材料。

二、万宁市大洲岛(独洲洋)出水遗物点水下考古调查

1. 地理位置

大洲岛,又称燕窝岛,位于海南省万宁市东南约 15 千米,是海南岛沿海最大的岛屿之一,由两岛三峰组成,两岛之间有一弓状沙滩,退潮时显露。大洲岛面积约 4 平方千米,最高峰 289 米,古有"独洲岭""独珠岭"之称,所在海域即独洲洋。唐宋以来,一直是海运航线上的重要中继点。《道光琼州府志》载:"独洲山,一名独珠,在州东南海洋中,风帆半日可到,峰势插天,周围五十里有田数亩,鸟兽、番舟多息湾泊。"又载:"独洲洋,在州南五十里许,涛虽平,下有怪石错立,昔外番海寇之舟遇风飘,多覆于此。"

2. 调查经过

2009 年 8 月,海南省第三次文物普查队在大洲岛前港发现一处 19 世纪初蒸汽轮船遗址和一处遗物采集点,在沙堤及前港浅滩上采集有数量较多的清代陶、瓷碎片。普查队认为,该海域航道水流湍急,清代陶瓷片表明海底可能另有沉船。

2011 年 9 月,海南省文物考古研究所开展海南岛东部沿海水下遗存线索调查,历经琼海、万宁、陵水等市县,并对大洲岛遗物点(编号 09DZS:I)进行了复查。

此次采集到陶、瓷残片标本共 37 件。

3. 海底情况

大洲岛系大陆型基岩岛屿，海蚀形成，周围海域水深达 100 米，等深线变化极大，有着与近海不同的海洋地貌结构。大洲岛近海域为海砂、礁石底，南北二岭周围海底礁石分布密集，为二岭山石崩落产生。海底珊瑚繁茂，有杯形珊瑚、蔷薇珊瑚、石芝珊瑚等。大洲岛两主岭之间海域水深 0.5～11 米，礁石密布且大小不一，最大者高约 4 米。

4. 出水文物

陶瓷片标本共 37 件。其中，釉陶片 4 件，包括酱釉陶罐口沿 1 件、旋涡纹腹片 1 件、罐底 1 件、砵口沿 1 件。青花瓷碗底 30 件，整体上胎质厚重，多灰白胎，釉色白中泛青、润泽，钴料发色正，蓝中泛灰；均圈足，内外施釉及底，部分外底上釉，有鸡心点，多数涩圈叠烧。青花瓷碗底可分为四型。A 型 7 件，内底描方格形纹，外壁饰卷草纹，部分外底施釉；部分钴料呈黑色，系海水腐蚀所致。B 型 2 件，内底一圈一笔点划而成的弦纹。其中一件黄色铁锈浸入胎釉，应是与铁器伴生。C 型 12 件，均有涩圈。D 型 6 件，内底满釉，部分有弦纹、花草纹。E 型 3 件，脱釉，火候较高。另有青花瓷口沿残片 3 件。此外，有黑釉盏 1 件，底残，饼足浅内凹，灰黑胎，厚胎薄釉，内满釉，外施半釉。

这批瓷片釉面磨蚀严重，混沌无光，瓷胎饱水，珊瑚附着，具有明显的出水瓷特征。同类型碗底重复多，应为沉船船货。通过比对，笔者认为属清代福建青花瓷窑场德化、华安东溪、安溪窑产品。黑釉盏则是宋元时期福建建窑系产品，与青花瓷非同一时代遗物。由此，该海域内是否有多艘沉船存在还有待进一步调查。

【注释】

①福建省博物馆：《漳州窑》，福建人民出版社，1997，第 28、94 页。
②中国历史博物馆水下考古学研究室、广东省博物馆考古队、海南省博物馆：《海南文昌宝陵港沉船遗址》，《福建文博》1997 年第 2 期。

第十二章 海南陵水唐宋窖藏瓷器与港口锚泊贸易

"（海南）解放以来，中央、省有关部门曾多次在海南岛进行过民族调查和文物考古调查，规模最大的一次文物考古调查是 1957 年由广东省文物管理委员会和中山大学历史系合作进行的。其后自 1983 年起，各市县又进行一次文物普查。通过这几次调查，在海南岛境内发现了一批有价值的古文化遗址、古墓葬和遗物。"[①]其中，1979 年，陵水县（今陵水黎族自治县）移辇村村东海滩沙堤上发现了一批唐宋时代的陶瓷器遗物。多年以后的 2007 年，又在同一地点新出土一批唐宋陶瓷器。

一、瓷器出土地点及经过

2007 年 8 月，陵水黎族自治县动工建设基建开发项目，在海滩沙堤平整过程中，大型挖掘机在深数米的沙层中发现了一批陶瓷器。"发现地点距陵水（黎族自治）县光坡镇移辇村东南约 500 米，近南海海岸约 180 米，沙丘高于海平面近 8 米。"[②]该县文体局接报后，迅速对出土地点进行了实地调查，并从村民家中追回部分瓷器。笔者随队参与了调查，并研看了出土瓷器。

二、瓷器类型及产地窑口时代

追回的瓷器共计 25 件，品相完好。釉色有青釉、酱釉、黑釉、白釉和青白釉，器型包括罐、碗、盏、碟、瓶。其中的青釉四系罐、酱釉水波纹四系罐、酱釉水波纹高领罐，器型高大，施釉均匀，火候很高。酱釉小口瓶，又称鸡腿瓶，瓶口施半釉，属福建磁灶窑的典型产品。白釉高足碗、白釉刻花圈足碗，胎薄釉润，表面开片。黑釉盏，内满釉，外不及底，属福建建窑系产品。粉青釉印花圈足碗，胎釉厚重，釉色温润，属龙泉窑系。青白釉圈足碗、青釉划花蓖划纹圈足碗、青黄釉圈足碗应为福建南安窑生产。从器物本身分析，时代上大致可分为 3 段——晚唐至五代、北宋、南宋至元，均为内地窑场生产的外销瓷器。

1979 年，当时陵水属于广东省海南行政区，陵水县文化馆李居礼在移辇村东沙堤东侧坡面发现一批唐宋时代陶瓷器。广东省博物馆何纪生先生研究认为，"包括晚唐至五代期间的青釉带耳罐，北宋时期的定窑白釉洗，建窑黑釉盏，龙泉窑刻莲花纹碗，以及福建各地窑场的青釉青白釉碗"③；"在沙丘的陶瓷器堆积范围内还发现了三枚北宋铜钱：其中年代最晚的熙宁元宝，铸于 1068—1077 年"④。

通过比对发现，此次移辇村出土的瓷器与前次系同一地点，器物类型、窑口基本一致，属同一批遗存⑤。因机械施工，出土地点的地层关系已遭破坏。据村民回忆，发现时保存完整，部分碗罐套装在一起。

三、陵水其他两处地点出土的同时代窖藏瓷器

1972 年 9 月，陵水县本号公社军普大队三十笠生产队社员在土费田南面的一个低矮土墩开荒时，在距地表 1 米多深的地层中发现埋藏有一个高约 80 厘米的青黄釉带盖大瓷罐，内装 100 多件宋代瓷碗和瓷碟。

1975 年 7 月，广东省文化局与中山大学历史系联合组成的海南岛文物考古工作普查队，在陵水县进行文物普查时，在该县里陵村收集到 16 件完整的宋代瓷碗、瓷碟和注水器。据群众反映，这些瓷器是在里陵村的山坡挖出来的，出土时瓷器分别装在 2 个大缸内，共 200 多件⑥。

这两处地点出土的窖藏瓷器，曾广忆先生研究认为，"出土瓷器的时代，从其胎质、釉色、器形等特征观察，其年代应属北宋"[⑦]。其中一部分系广州西村窑、潮安笔架山窑和江西景德镇窑产品。

四、本岛唐宋时代陶瓷窑业、窑址及产品

在陵水境内 3 处地点出土的唐宋窖藏瓷器，均为大陆窑口产品。而当时海南本岛陶瓷窑业、窑址及产品的实际情况如何？据学者研究，"海南隋唐时期的窑口主要烧制印纹硬陶器，宋代……又增加了夹砂釉陶产品的烧制，元代开始烧制青瓷器，明代以后烧制的主要产品则多是青瓷和青花瓷。""海南本岛黄流、定安两大窑系主要烧制印纹硬陶、釉陶和建筑用砖瓦，兼烧青瓷器，产品是用于生产生活的大型日用陶器和建筑陶器；澄迈窑主烧青瓷和青花瓷，兼烧釉陶器，产品是用于人们日常生活的中小型陶瓷器具。"[⑧]

2002 年和 2004 年正式发掘的澄迈福安窑址[⑨]，是经过完整而严谨的考古发掘的主要一处。其坐落于澄迈县境内南渡江支流金江沿岸，窑址类型属横室阶级窑，主要烧造年代为清代，瓷器釉色分青釉、青黄釉、酱釉、青花等，器型十分丰富，但整体工艺水平一般，器型不规整，胎质粗厚，釉色粗陋，火候差，有大量残次品，废品率高。与同时期的内地窑口相比，相差悬殊。

通过调查发掘和研究，海南本岛陶瓷窑业，创烧年代晚，工艺低下，落后于同时代的大陆和岭南窑场。唐宋以降长期以釉陶器为主要产品，只满足本岛中下层建筑生产和生活用陶瓷的需要。内地外销瓷窑口的产品在海南本岛出土和发现，说明海南岛不仅是海上贸易的中转补给地，同样也是外销瓷的消费市场。

五、本岛唐宋墓葬中出土的外销瓷

海南唐代墓葬发现的并不多，集中于本岛东南沿海，最具代表性的是位于陵水军屯坡的伊斯兰教徒珊瑚石棺墓葬群[⑩]。1978 年秋，陵水县文物工作者调查发现，在英州镇古楼村军屯坡的海滩沙堤上有 100 余座唐宋时期石棺墓。其分布范围为

长 2 千米、宽 1 千米。附近另一处伊斯兰教徒古墓群，位于陵水与三亚交界的福湾干教坡和番岭坡。1976 年 8 月，这里发现有 53 座宋元时期伊斯兰教古墓，墓碑均用珊瑚石琢制，浮雕图案和阿拉伯经文。随葬品有青釉和酱黑釉陶罐、花卉纹罐、碗和铁剑等。其中有龙泉窑系的粉青釉撇口碗、折沿碗，景德镇窑系的影青刻花碗。

学界普遍认为，该地处南海要冲，是我国与东南亚各国的海上交通必经之地。唐宋时期，沿海上丝绸之路航行的船队，大多要在海南岛东南部贸易补给或避风休整，一些信仰伊斯兰教的波斯人、阿拉伯人寄居于此，同本地居民往来、通婚、同化，繁衍生息，落籍成海南岛的回族先民。死难者埋于海滨沙滩，形成了这批独特的墓葬遗存。

六、移辇村唐宋瓷器的性质与来源

首先，新发现的这批唐宋瓷器应是外销瓷无疑。同类器物在产地福建、广东的窑址和南海航线西沙段沉船遗址中均有发现。

其次，从器物胎釉观察，磨蚀严重，釉色暗淡无光。以龙泉窑系的青釉印花圈足碗为例，具有明显的出水瓷特征，说明其在沙堤出土前长期浸于水中。何纪生先生判断："我们估计这些船只是遇到风暴或其他原因不幸在这里搁浅，器物就落在浅海中，以后才被海浪冲上沙堤。这样也就可以理解，为什么器物只在沙堤的东侧坡面才有发现。"[11]何先生在 30 年前的初次发现后的推断，就明确指向了海难沉船船货这一方向。

但是，笔者进一步分析认为，先后两次在移辇村海滩发现的这批外销瓷器，具有出水瓷特征，应是由海路船运而来，与海上丝绸之路贸易有关，但却并非简单的是一艘商船搁浅沉没而遗留的船货。

其一，先后两批出土的器物本身年代跨度较大，可划分从晚唐至五代、北宋、南宋至元 3 个时段。其二，陶瓷易碎。海难事故伴随的船倾舟覆，往往使得陶瓷难以完整保存。尤其是为数不少的带耳大罐的保存完好，实为不易。其三，船货数量巨大、动辄上万件，同类型器物多、分类堆放。而这批瓷器数量不多，器类很少重复，这些都与沉船船货特点不符。

移辇村以北为港坡河，其入海口即港坡港，北距瓷器出土地点约 1 千米。港坡河与海南岛的所有河流一样，发源于岛中部的山地丘陵，蜿蜒而下，进入平原，注入南海。港坡港就是其入海口的天然港湾。现今的港坡港河道狭小、水浅，只有少量小型渔船靠泊。据《乾隆陵水县志》卷一地舆志载，"港坡港，在城东十五里……浅隘多石，舟不能行"。情形与现在类似。而附近的其他港口，据《康熙陵水县志》载，"桐栖港，县南十五里，外有南山，商舟番艇泊于此"。桐栖港，即今南湾新村港。港坡以北的万宁沿海，据《康熙万州志》卷一山川港澳附记载，"南海中曰独洲岭，岭在海中，周围六十余里……舟多湾泊于此，南番诸国进贡，视此山为准"，又有"曰独洲洋，州南五十里许，涛虽平，下有怪石错立，昔外番海寇之舟，时逆风飘，多覆于此"。

以上史志成书于清代，应借鉴了当时尚能看到的明代史料，记录的当是明清之际的实际情形。陵、万之地，位于海南岛东南部，作为本岛由陆地伸延向海的岬角，在海上丝绸之路南海段上位置突出，是一处重要的必经航点。又因其沿海多天然港湾，境内有新村和黎安两大潟湖、大洲和分界洲等岛屿，为途经商船靠泊、补给、交易提供了便利条件。

笔者通过查阅水文资料和多次实地踏勘后认为，港坡河季节性水量大，河流下游台地发育较好。唐宋之际，河道应较宽阔，是一处理想的天然港口。即使双桅大船难入，舢板定可自由往返。在海上丝绸之路航线上来往的商船，来此靠泊、交易、补给，天长日久，遗留下一批陶瓷器遗存，故其港口窖藏性质不能排除。直到泥沙淤积、河道浅隘、港口不港，这才消落无声。自然，也就不见有明清之际盛行的青花瓷了。

七、结语

海上丝绸之路的航线与贸易网络，由一条条航段组成。并非每一艘扬帆的商船都一定是以最远的非洲东岸为目的地。相反，在唐宋时代的航海技术条件下，分段的转口贸易或许是更实际也更经济的选择。史料记载，唐宋时期，有大量的阿拉伯大食商人在海上从事转口贸易。在没有国威宣示的政治诉求下，民间的商业航行更应是因利趋、以利往。海南岛在船商眼中，应不仅仅是航线上的参照物标和水食补给地。交易、休整、补给、避风等主动靠泊和遇难、失事等被动上岸，都让海南岛东南沿海变得船影碌碌、欣欣向荣。

集中分布于陵水、三亚一带的唐宋伊斯兰教徒墓葬群，移辇唐宋瓷器等外销瓷窖藏地，都以实物材料指明，在那个云帆高张的年代，海南本岛处于南海航线上相当重要的位置，而东南沿海又是重中之重。随着研究的深入和拓展，这段历史会越发清晰而立体呈现出来。

【注释】

①王克荣：《海南岛的主要考古发现及其重要价值》，《海南黎族苗族自治州博物馆馆刊》1987 年创刊号。

②郝思德：《陵水县移辇村唐宋瓷器》，载中国考古学会编《中国考古学年鉴（2008）》，文物出版社，2009，第 265 页。

③何纪生：《陵水县移辇村海滩发现唐宋时代陶瓷器》，《广东文博通讯》1979 年第 8 期。

④同上。

⑤同注②。

⑥曾广亿：《广东陵水、顺德、揭西出土的宋代瓷器、渔猎工具和元代钞版》，《考古》1980 年第 1 期。

⑦同上。

⑧涂高潮：《海南古陶瓷》，海南出版社、南方出版社，2008，第 153 页。

⑨郝思德、王大新：《澄迈县福安元明清窑址》，载中国考古学会编《中国考古学年鉴（2003）》，文物出版社，2004，第 218 页。

⑩郝思德：《陵水县军屯坡唐代珊瑚石椁墓》，载中国考古学会编《中国考古学年鉴（1995）》，文物出版社，1997，第 198 页。

⑪同注③。

第十三章 海南昌江乌烈石器遗址的发现与研究

乌烈石器遗址位于海南岛西部昌化江流域，于第三次全国不可移动文物普查中发现。2016 年度正式发掘出土了一批丰富的遗存，对我们认识海南岛西部新石器时代文化发展状况，探讨东西部遗址在考古文化序列上的对应关系，进而全面了解海南本岛石器文化，提供了重要材料。

在第三次全国不可移动文物普查工作中，海南省昌江黎族自治县博物馆在该县乌烈镇乌烈村附近采集到上百件石坯和石器。2013 年 8 月，中国国家博物馆考古部曾对该遗址进行过调查。2014 年 1 月，又对该遗址进行了复查。根据地表遗物的分布范围判断，遗址的面积约在 1 万平方米。同时，对遗址进行了初步的勘探，并清理了个别断面。但由于当时该区域种植西瓜搭建了大棚，钻探工作无法全面展开，初步钻探的情况显示遗址文化层堆积十分浅薄，而往往地表遗物较为丰富的地方，地下却未能钻探到文化层堆积。

2016 年 1 月，经国家文物局批准，国家文物局水下文化遗产保护中心会同海南省文物考古研究所、昌江黎族自治县博物馆，联合组成田野考古工作队，对乌烈遗址进行了考古调查与发掘，出土了一批重要遗存。

一、遗址概况与调查发掘

乌烈村遗址位于海南省昌江黎族自治县乌烈镇峨沟村东南突角岭西北部，昌化江下游北岸的河旁阶地上,遗址以北1千米为丘陵,以南约2.7千米为昌化江(图一)。地表为黄色沙土,局部呈片状出露灰色土壤。地表采集到的遗物有石斧、石锛及石料断块、石坯、半成品等,还有陶纺轮及夹砂素面陶片等。遗物较为丰富,尤其是属于石器生产各阶段的石制品数量较多。

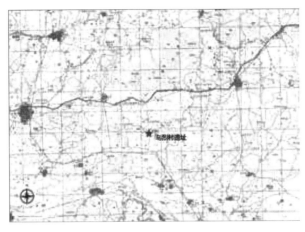

图一 乌烈遗址位置图

此次清理发掘,采取遗址地面踏查——遗址范围及中心区钻探——选定发掘区域——考古发掘等相关步骤,在了解地表遗物分布及钻探所得堆积情况后,布设了5米×10米探方2个,分别编号为2016CWLT1和2016CWLT2,发掘面积共计100平方米。在进行考古发掘的同时,还采用RTK测量仪对遗址进行了测绘。

遗址的地层堆积共2层(图二):

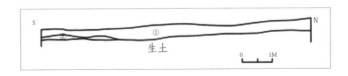

图二 乌烈遗址地层堆积

第1层为表土,呈灰褐色,较疏松,包含大量植物根茎、灌溉塑料管、塑料薄膜、石块、石器、少量陶片,平均厚度32～49厘米。

第2层分布于T1探方西南区域,呈青灰色,土质较紧密,包含一些石头、碎陶片和少量石制品,平均厚度0～17厘米,深26～49厘米。

第 2 层以下为黄褐色生土层，土质紧密。

二、地层关系与遗迹遗物

发掘区内仅发现零星的柱洞，未发现其他遗迹现象。柱洞一共发现了 14 个，未发现柱洞间存在明显的关联。其中开口于①层下的柱洞 9 个，分别为 D1、D2、D3、D4、D5、D6、D7、D8、D9（图三），D9 有陶片出土。

开口②层下的遗迹有柱洞 5 个，分别为 D10、D11、D12、D13、D14（图四），仅 D12 出土陶器残片。

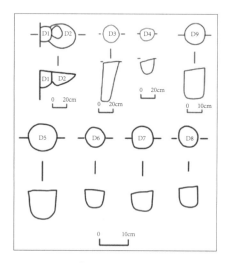

图三　①层下柱洞平剖面图

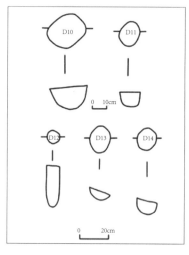

图四　②层下柱洞平剖面图

乌烈遗址的清理发掘，共出土遗物 1124 件，采集遗物 55 件。遗物种类按质地不同可分为石器和陶器（图五至图八）。除石器多数为完整器外，陶器皆为残片，无完整器物。

在发现的 152 件石器中，器型有石斧、石锛、石凿、石锤、石镞、石璧、石环、石纺轮、石饼和磨石等。此外还有若干石核、石片、磨制残件。石器类型以长方形或者梯形的无肩石斧、石锛为主，仅有 1 件石斧呈双肩；大多数为弧刃，少数为直刃。其中梯形石斧居多，梯形石锛次之，其余较少。器物多较小，磨制精细，另有一部分表面未进一步磨光，略显粗糙。有的石器刃部保留了使用痕迹。另有少量残石器，器型不明。

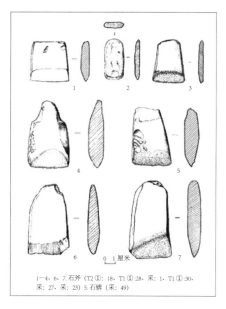

图五 乌烈遗址出土的石斧、石锛

石斧 62件，磨制，双面刃。分梯形和长方形、有肩和无肩两大类型。有肩石斧仅1件，长方形石斧较少，以无肩梯形石斧为主，器体较扁平，顶窄刃宽，有直刃和弧刃之分，两侧边较平直，弧顶居多，平顶较少。器表多有石疤痕，一部分经磨光。其中，16HCWLT1①：30，双肩，石质较粗糙，弧刃，刃部有明显的磨制痕迹，长6.9厘米，宽4.3厘米，最厚1.5厘米。16HCWLT1①：28，无肩，长方形，较小，长4.3厘米，宽2厘米，最厚处0.6厘米。16HCWLT2①：18，无肩，梯形，顶部较平，直刃，刃部有磨制与使用的痕迹，长4厘米，宽3.8厘米，最厚处0.8厘米。16HCWL采：27，无肩，梯形，弧顶，直刃，刃部磨制、使用痕迹明显，长6.7厘米，宽3.9厘米，最厚处1.1厘米。16HCWL采：23，无肩，梯形，弧刃，刃部有明显使用痕迹，长7.8厘米，宽4.4厘米，最厚处1.3厘米。

石锛 13件，磨制，单面刃，均无肩。其中，16HCWL采：49，梯形，弧刃，长5.8厘米，宽4.1厘米，最厚处1.4厘米。

石锤 3件，器身较大，分为棒状与球状。其中，16HCWL采：44，较大，底部作为锤头，损坏痕迹明显，长14.1厘米，宽7.1厘米，最厚处6.7厘米。16HCWL采：34，圆顶，因为打击使用，锤头损坏明显，长10.2厘米，宽3.3厘米，最厚处3.5厘米。16HCWLT1①：11，较大，有轻微的磨损痕迹，长9.5厘米，宽6.9厘米，最厚处 4.5 厘米。

石纺轮 2 件。其中，16HCWLT2：4，直径 9 厘米，厚 2 厘米。

磨石 1 件。16HCWL 采：42，砂岩，扁圆球体，一面留有磨制过程中形成的使用痕迹，最宽处 7.3 厘米，最厚处 5 厘米。

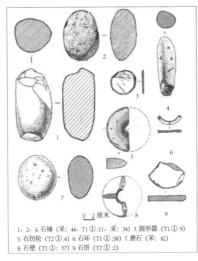

图六 乌烈遗址出土的无刃石器　　　　图七 乌烈遗址出土的其他有刃器

石饼 1 件。16HCWLT2①：2，残损，石质近玉，打磨精细，直径 11 厘米，最厚处 0.9 厘米。

石环 13 件，均残。其中，16HCWLT1①：58，较扁平，环宽约 0.5 厘米，直径 7 厘米，最厚处 0.3 厘米。

石璧 3 件，均残。其中，16HCWLT1①：57，扁圆，直径 7.5 厘米，最厚处 0.6 厘米，边缘向中心增厚，打磨较粗糙。

圆形器 2 件。其中，16HCWLT1①：9，扁平圆形，表面多划痕，边缘有明显的磨损痕迹，直径 4.8 厘米，最厚处 0.3 厘米。

石凿 5 件，呈竖长方形，顶端平直，两侧边沿棱角明显。其中，16HCWLT1①：15，较小，刃角突出，使用损坏的痕迹明显。16HCWL 采：52，长方形，弧刃，刃部有明显的磨制痕迹，长 6.3 厘米，宽 2.1 厘米，最厚处 1.2 厘米。

尖状器 1 件。16HCWLT2①：32，两面加工，打制痕迹明显，长 5.9 厘米，宽 2.6 厘米。

　　刮削器　3 件，均有波浪形刃部。其中，16HCWL 采：55，较短，长方形，刃部加工明显，长 5.4 厘米，宽 3.6 厘米。

　　遗址发现陶片计 972 件，出土较多器物口沿，另有圈足、箅子、纺轮等，无完整器型。陶器以夹砂粗陶为主，夹砂细陶数量极少，未见泥质陶。陶色中灰色和灰褐色陶比重大，红褐陶和黄褐陶较少，黑褐陶少见。灰色和灰褐色陶质地坚硬，红褐和黄褐陶质地松软。夹砂粗陶陶胎偏厚，器表粗糙，器壁厚薄不一，素面为主，未见绳纹等装饰。器型较为单一，常见的有侈口罐、釜等，圈足器较少，个别带耳。

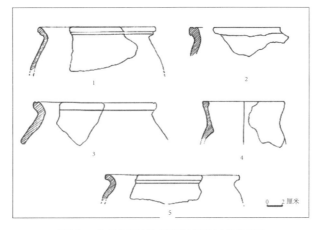

图八　乌烈遗址陶器残片及其复原图

三、遗址的文化内涵

　　乌烈村遗址出土遗物较为丰富，主要分为石器和陶器两类，其中石器多为生产工具，也有石环、石璧、石饼等饰品；陶器为生活用具。石器推断为当地用料加工，在打制出粗略器型后进行磨制，器形大都不甚规整，器类单一。梯形斧、锛流行。陶器基本上为夹砂粗陶，均为手制，基本无纹饰，并有卷沿侈口等特征。

　　乌列村的器物组合在海南新石器时代的山岗遗址较常见，其中斧多于锛，无肩为主的特征与文昌昌田坡、陵水大港村等遗址接近。磨制精细的梯形石斧、石锛等与陵水桥山遗址晚期发现的石器相似。而陶器则基本为陶片，在文化面貌的判断比较上受到限制。但粗砂灰褐陶为主的特征可以看出与上述其他遗址有所区别。

四、遗址的石器加工场性质

2016 年乌烈村遗址的发掘未发现可供测年的动植物遗存，绝对年代无法获取；但在该遗址调查及发掘中未发现印纹硬陶的迹象，也未发现经常存在于海南各遗址中的瓮棺葬陶器遗存，从这些方面来看，该遗址可能尚未受到来自大陆的文化的影响，属于海南本土岛屿文化发展的遗存的可能性比较大。其时代归属于海南的史前时代。

经过本次正式发掘工作，结合 2013 年和 2014 年国家博物馆考古部的调查勘探，可以认定乌烈村遗址文化层甚薄，地表遗物较丰富，而地下文化层堆积缺失，反映地层关系有一定的扰乱，可能是海南气候原因，自然侵蚀强。

遗址上发现的石器多，石器种类多，成品及石料断块、石坯等共存。在发掘过程中，考古工作队曾对遗址周边进行调查，发现遗址南部海岸边出露了花岗石基岩，这是遗址上常采集到的石料之一，有花岗闪长岩，也有文象花岗岩等。初步判断该遗址的石器材料来自遗址周边，且石器是就地取材制作完成的，该遗址具有石器加工厂的文化性质。

遗址上发现较多新石器时代晚期的石锛、石斧等生产工具，器形较小，磨制程度较低，加之当地以沙土为主，土壤厚度薄，不宜从事原始农业生产，且处于河岸阶地，距离丘陵较近，据此判断当时的人们应从事渔猎和采集并重的生产经济活动。

第十四章 基本建设当中水下文化遗产保护的一般程序
——以海南洋浦 LNG 站线和粤海铁路海口南港码头项目为例

　　随着国家"十二五"规划的出台和海南实施国际旅游岛战略，在全面建设小康社会的历史时期，在协调可持续的科学发展观引领下，文物博物工作的重要性日益凸显，在大型基本建设工程中的文化遗产保护任务也更加繁重。本章以海南洋浦液化天然气(LNG)站线项目和粤海铁路海口南港码头扩建项目基建考古为例，就水下文化遗产保护的基本方法、配合基本建设中的一般程序，稍作简述，并就其中出现的一些问题进行探讨。

一、 海南洋浦液化天然气（LNG）站线项目水下文物调查勘探

1. 工程项目简介

　　海南 LNG 站线项目是由中海石油气电集团有限责任公司与海南省发展控股有限公司共同投资建设的大型工程项目。在工程动工之前，根据《中华人民共和国文物保护法》第三章第二十九条、第三十一条和《中华人民共和国文物保护法实施条例》第三章第二十三条及国家文物局《关于加强基本建设工程中考古工作的指导意见》的有关规定，因洋浦神尖角港区建设项目的需要，受海南省文物局

委托，我馆（海南省文物考古研究所）与中海石油天然气及发电有限责任公司衔接配合，签订考古调查勘探技术服务合同，于2010年7至8月，在建设用地许可范围内，开展了相关考古工作。

2. 调查区域概况

洋浦港西临北部湾，北接琼州海峡，系海运要道。洋浦湾北岸线因潮汐作用形成一个10米的深槽，最深处达24.4米，3万吨海轮可自由进出，港口向南敞开，进港航道4.2千米，锚地4平方千米，可锚泊船舶数百艘，被认为是海南岛避风条件最优越的港口，也是建设大型深水港最理想的地点。

但在古代，洋浦港并不属于通往东南亚及世界各地的主航道，古文献中很少有洋浦或者与其有关的记载，洋浦被关注是从近代开始。1887年，清朝两广总督张之洞提出在洋浦建港口的设想。20世纪初，孙中山在所著的《建国方略》中，提出在海南洋浦地区建设港口，并将其列入未来我国的大港之一。1935年，民国政府派人到洋浦实地勘探。1939年，侵华日军为掠夺海南的矿产资源，计划在海南岛西部建设港口，曾精心绘制了一份洋浦地区平面图。如此种种，都给予洋浦非常大的关注，但均未能实现。

3. 调查过程

此次调查历时1个月，主要包括陆地调查与水下探摸两方面。

（1）陆地调查

其一，陆地线索调查：

水下考古队入驻工地后，首先进行了为期3天的线索调查，主要走访了岭上村、社兰村、公堂下村、洋浦渔码头等，重点走访本地村民和以捕捞"做海"为生的渔民。由于村落规模不大、原住居民不多，通过几天的工作，基本完成了陆地走访。在整理走访记录以后，得出以下结论：在本项目建设用海域范围内，居民未发现或听说有大型的、重要的水下遗迹或沉船事件；渔民在捕捞作业时，也未打捞过陶器、瓷器或者有价值的水下文物；海事档案中，也没有关于古沉船的记录。

其二，海岸滩涂调查：

该项目建设用海域包括码头、港池、航道，位于洋浦开发区公堂下村以西、神尖角西南，离岸范围200～1000米，水深8～15米。海底为沙底，表层有浮泥，地形平缓，有少量死珊瑚和礁石。受周边工业和渔业生产影响，水质较差，悬浮物多，能见度不足 1 米。

该海域属北部湾全日潮，潮差较大，平均潮差 1.8 米，最大潮差 3.5 米。加之地形较平缓，落潮时大片滩涂出露。调查队根据潮汐变化，选择退潮期对滩涂区域进行实地踏勘，通过连续的拉网式搜索，未在此区域发现陶器、瓷器或其他有价值的文物。同时，调查队还对工程方在港池海底抽出的海沙情况进行勘察，仅见有贝壳、珊瑚碎渣，未有文物发现。

（2）水下探摸

综合前期线索走访、资料查询、滩涂调查的情况，调查队以 2006 年海南省文物局对该项目申报复函中的两处水下文物疑似影像点为中心，展开重点潜水探摸，以确认或排除疑点性质。

我们租用当地熟悉海况的渔民船只，吨位大小与作业海域的岸距和水深相适应，用于运送设备和人员。出海前，查阅水文信息，了解每天潮汐的时点、潮高、流速。据此选择一高一低 2 个平潮的时间，这样可以使我们在相对平静的海况下作业，提高安全系数，利于工作的完成。但每天的平潮时间随农历月变化，天气预报也有变化，因此，每天出海调查时间都不相同。

我们使用水肺潜水装备，执行免减压潜水方案，按规程和海况制订潜水计划，遵循潜伴制度，设立潜水长和应急潜水员。出海后，用 GPS 导航功能确定线索点的具体位置，然后抛掷浮标，以便固定调查位置，引导入水绳缆，以此点为中心做直径 40 米的水底圆周搜索。累计调查海域面积 2.5 万余平方米，潜水作业 30 余人次，作业时间 900 余分钟。排查水下文物疑似点 3 处。

以下为各水下探摸点的具体情况：

1 号探摸点，地理坐标为 19°46′46.9″N，109°09′17.1″E。即疑似点②，水深 14.8 米，水底流平缓，沙底但覆有淤泥，有小片死珊瑚、少量礁石，悬浮物较多，能见度不足 1 米。未见有遗物、遗迹。

2 号探摸点，地理坐标为 19°46′46.3″N，109°09′17.3″E。位于疑似点②东南侧，水深 16.1 米，沙底，有淤泥，能见度差。搜索中见有大块礁石，但未见有遗物、遗迹。

3 号探摸点，地理坐标为 19°46′45.3″N，109°09′17.6″E。位于疑似点②东

南约 60 米，水深 17.5 米，水底平流，沙底且表层有淤泥，有小片死珊瑚，海底有少量礁石，悬浮物较多，能见度不足 1 米。由于工程施工挖沙，搜索范围内海底地形坑洼、起伏明显，高低落差约 3 米，未见有遗物、遗迹。

4 号探摸点，地理坐标为 19°46′43.8″N，109°09′14.3″E。位于疑似点②西南约 150 米，水深 19.5 米，水流较急，沙底，有浮泥，悬浮物较多，能见度不足 1 米。未见有遗物、遗迹。

5 号探摸点，地理坐标为 19°46′46.8″N，109°09′18.6″E。位于疑似点②东约 50 米，水深 10 米，水面有流、水底平缓，沙底且表层有淤泥，海底有少量死珊瑚、小块礁石和海贝，海水中悬浮物较少，能见度 1 米左右。未见有遗物、遗迹。

4. 认识与意见

综合前期线索走访、资料查询、滩涂调查的情况，根据潜水重点探摸的结果，考古队对本项目水下文化遗产保护提出以下意见：

① 2006 年海南省文物局复函中的水下沉积物疑似影像点，经排查确认，系部分礁石出露，未见有文化遗物或遗迹现象。

②在此次调查过程中，没有发现其他有价值的文物或沉船遗址或线索。建议省文物行政主管部门同意建设单位全面开工建设。

③按委托协议约定，此次调查只是对建设所涉海域的局部进行了重点潜水探摸，对未调查海域是否有水下文物埋藏还不能肯定，所以建设方在施工过程中如果发现文物，请做好现场保护，并及时向省文物行政主管部门报告处理。

二、粤海铁路海口南港码头扩建项目水下文物调查勘探

1. 工程项目简介

海口南港码头扩建项目是由粤海铁路有限责任公司投资建设的大型工程项目。在工程动工之前，根据《中华人民共和国文物保护法》第三章第二十九条、第三十一条和《中华人民共和国文物保护法实施条例》第三章第二十三条及国家文物局《关于加强基本建设工程中考古工作的指导意见》的有关规定，因南港码头建设项目的需要，受海南省文物局委托，我馆（海南省文物考古研究所）与粤

海铁路有限责任公司衔接配合，签订了考古调查勘探技术服务合同，于 2015 年 3 至 4 月，在建设使用海域许可范围内，开展了相关水下考古工作。

2. 调查区域概况

南港码头位于海南省海口市秀英区西北部新海乡境内。该乡在海南解放初期属琼山县第五区长北乡。1953 年 10 月改称新海乡。1957 年撤区并乡后，仍属琼山县。1958 年改为长流公社新海管区。1959 年划归海口市，属西区公社新海管区。1961 年 5 月，成立海口市新海渔业人民公社。1965 年并入长流公社，称新海大队。1970 年成立新海公社，1986 年改称新海区，1988 年改称新海乡。1990 年划归秀英区。新海乡东与长流镇为邻，南与荣山乡交界，西同澄迈县盈滨半岛接壤，北临琼州海峡。面积 14 平方千米，辖 3 个管理区，3 个村委会，3 个自然村。

3. 调查工作过程

此次调查历时半个月，主要包括陆地调查与水下探摸两方面。

（1）陆地调查

其一，陆地线索走访：

水下考古队入驻工地后，首先进行了为期 3 天的线索调查，主要走访了新海村、荣山寮村、新海渔码头等，重点走访本地村民和以捕捞"做海"为生的渔民。在整理走访记录以后，得出以下结论：在本项目建设用海域范围内，居民未发现或听说有大型的、重要的水下遗迹或沉船事件；渔民在捕捞作业时，也未打捞过陶器、瓷器或者有价值的水下文物；海事地图档案中，也没有关于古沉船的记录。

其二，海岸滩涂调查：

该项目建设用海域位于南港码头港门内东北侧，离岸范围 10 ～ 200 米，最大水深 6 ～ 7 米。包括部分填埋建设码头和港池内掉头圆水域。该海域为沙底，表层有浮泥，地形平缓，有少量死珊瑚和礁石。受码头作业和渔业生产影响，水质较差，悬浮物多，能见度不足 1 米。

该海域属不规则半日潮，一天涨落 2 次，平均潮差 1.2 米，最大潮差 2 米，落潮时部分滩涂出露。调查队根据潮汐变化，选择退潮期对滩涂区域进行实地踏勘，通过连续的拉网式搜索，未在此区域发现陶器、瓷器或其他有价值的文物。同时，调查队还对工程方在港池海底抽出的海沙情况进行勘察，仅见有贝壳、珊瑚碎渣，未有文物发现。

(2) 水下探摸

综合前期线索走访、资料查询、滩涂调查的情况，调查队选取了该海域中心区开展重点潜水探摸，以初步了解海底现状。

我们租用熟悉当地海况的渔民船只，吨位大小与作业海域的岸距和水深相适应，用于运送设备和人员。出海前，查阅水文信息，了解每天潮汐的时点、潮高、流速。据此选择一高一低两个平潮的时间，这样可以使我们在相对平静的海况下作业，提高安全系数，利于工作的完成。

我们使用水肺潜水装备，执行免减压潜水方案，按规程和海况制订潜水计划，遵循潜伴制度，设立潜水长和应急潜水员。出海后，用 GPS 导航功能确定线索点的具体位置，然后抛掷浮标，以便固定调查位置，引导入水绳缆，以此点为中心做直径40米的水底圆周搜索。累计调查海域面积2000余平方米，潜水作业10人次，作业时间200余分钟。排查水下文物疑似点3处。

以下为各水下探摸点的具体情况：

1号探摸点，Wpt235，地理坐标为20°02′53.83″N，110°08′56.87″E。水深6米，水底流平缓，泥底，少量礁石，悬浮物较多，能见度不足0.5米。未见有遗物、遗迹。

2号探摸点，Wpt236，地理坐标为20°02′49.84″N，110°08′57.28″E。水深5.1米，沙底，有淤泥，能见度极低。未见有遗物、遗迹。

3号探摸点，Wpt237，地理坐标为20°02′53.72″N，110°08′53.35″E。水深3.5米，水底平流，沙底且表层有淤泥，有小片死珊瑚，海底有少量礁石，悬浮物较多，能见度不足0.5米。海底地形有一定起伏。未见有遗物、遗迹。

4. 认识与意见

综合前期线索走访、资料查询、滩涂调查的情况，根据潜水重点探摸的结果，调查队对本项目使用海域水下文物保护提出以下意见：

①海口南港码头于1995年建成使用，目前该项目系扩建，原有地形地貌已被部分破坏。这为文物调查工作增加了难度。

②在此次调查过程中，没有发现有价值的水下文物或沉船遗址或线索。建议省文物行政主管部门同意建设单位全面开工建设。

③按委托协议约定，此次调查只是对建设所涉海域的局部进行了重点潜水探摸，对未探摸海域是否有水下文物埋藏还不能肯定，所以建设方在施工过程中如果发现水下文物，请做好现场保护，并及时向省文物行政主管部门报告处理。

三、总结与建议

1.基本建设项目中的文化遗产保护，越早介入越主动

文化遗产是不可再生的珍贵资源。随着经济全球化和现代化进程的加快，我国的文化生态正在发生巨大变化，文化遗产及其生存环境受到严重威胁。由于过度开发和不合理利用，许多重要文化遗产在消亡或失传。因此，加强文化遗产保护刻不容缓。

首先，要加强文化遗产保护的法律法规建设，推进保护工作的法制化和规范化。要严格依照法律法规办事，各级文物行政执法部门要依法加强对文化遗产保护的管理执法和巡查督察。抵制和制止违反法律法规的决定和行为。

其次，在大型基本建设项目中，不能为了一时的建设进度而使文化遗产遭受不可挽回的损失。文化遗产保护研究机构要及早介入，进行全面的调查与保护，这样，既不影响工程的进度，又有效地避免对文化遗产的破坏，一举两得。

2.通过工作流程的规范和制度的完善来保障安全

水下文化遗产保护主要包括水下文物调查、水下考古发掘和出水文物保护等内容。潜水是必需的工作手段，具有相当的专业性与风险性。因此，为了保证潜水员能够在相对安全的环境下完成水下工作任务，必须把一些必备的潜水惯例如潜伴制度、潜水时间、潜水计划、潜水长制度，进一步规范并严格实施，确保工作的顺利完成与潜水员的人身安全。

3.在设备采购和人员培训方面要加大投入力度

如上所述，潜水是一项专业性极强的工作方式，并且具有一定的风险性，要保证工作的顺利进行与潜水员的安全，设备与培训是必不可少的重要内容。

潜水设备主要包括面镜、呼吸管、蛙鞋、潜水服、配重系统、水肺系统（1支高压压缩气瓶、1组调节器，再加上1个浮力控制装置）、仪表组、潜水表、

空气压缩机等一系列基本设备，再加上水下手电筒、潜水刀等辅助工具，这些都是水下作业和救生必备的用品，缺少任何一样都极有可能发生危险或者不能完成任务。所以，加大设备更新提升的力度，是今后的重点工作之一。

专业人员培训要常态化。在水下考古领域，潜水培训班教授的只是基本的潜水技能和水下考古方法。而工作中遇到的各种实际问题，只能通过以强化培训和定期培训等方式进行被动教育与主动交流来解决。因此，使培训常态化对于个人业务能力的提高和水下文化遗产保护事业的发展起着重要作用。

改革开放以来，我国经济快速发展，在大型基本建设工程当中，不断有重大田野考古发现和发掘。随着国家海洋权益和海洋战略的不断提升，水下文化遗产安全和保护工作的重要性日益凸显。以本章案例为经验，继续锻炼水下队伍，探索工作方法，做好大型基本建设项目当中的水下文化遗产保护，应是水下考古努力的方向之一。

海南水下考古的深入
与南海文化遗产的升华

古代海上航路必经之地的南海诸岛及其海域，埋藏着众多沉船遗址或遗物点。它们承载着重要而丰富的历史文化信息，是历史的物证。经过多年的考古调查研究，我们已经初步掌握了南海诸岛主要的文物分布。守土有责，守海亦有责。目前，我们正协助三沙市政府推动完成两处三沙重点文物保护项目。一是建设我国最南端也是唯一一处海疆上的考古遗址公园——甘泉岛历史文化公园，对甘泉岛唐宋居住遗址进行保护规划和纪念性展示，对甘泉岛整体进行南海丝路历史驿站的风貌复原。二是建设珊瑚岛 I 号沉船水下博物馆，划设水下文物与珊瑚礁保护展示区，将沉船考古与生态保护、高端旅游与水下观光结合，打造国际一流的水下遗址生态博物馆。

海南与南海水下考古自文昌宝陵港南明沉船的水下发掘伊始，已走过筚路蓝缕的 30 年。承前启后，继往开来。面对下一个 10 年、20 年、30 年，我们的胸襟与视野将进一步拓展：

①沉船逆向分析复原和比较研究。对沉没原因、沉积过程、埋藏环境的探讨，有利于沉船调查搜寻，有利于发掘方案预判，有利于出水遗物现场保护取样，有利于实验室内修复研究。

②航海行为模式探寻。南宋海上丝绸之路兴盛、南海航路繁忙，海外贸易繁荣，日益积累的沉船和目的港资料，使梳理航路、航线、航点的共时性特点和历时性流变渐成可能。

③水下考古中观视角。关注西沙永乐环礁等若干个中观航海地理单元，关注甘泉岛、珊瑚岛等岛礁田野遗址与水下沉船遗物的相互关系，复原航海先民对特定海区自然条件的认识、利用和承继。

④造船术与航海术。以航海术为核心，围绕航线的探索和航路的开辟，梳理从宋元大航海时代—明初郑和公七下西洋—明清闽人迁琼—华南沿海尤其海南渔民开发南海诸岛的承继关系。

⑤海洋技术的飞跃。海洋物理探测技术的进步和载人/无人深潜潜水器的突破，使水下考古的广度得以从沿海延伸向近海，及至远海甚至远洋；使水下考古的深度得以从浅岸延伸向浅海，及至深海甚至深渊。借助中国科学院深海科学与工程研究所的技术平台，依托深海考古联合实验室，我国水下考古具备了全海域、全海深、全覆盖的作业能力。海洋，对于水下考古工作者而言，更显辽阔与深邃。

⑥扩大研究的视野——大洋与深渊。关注东南亚、南亚、中东沉船，关注海上丝绸之路沿线国家水下与田野考古，关注港口、码头、集市、墟镇、窖藏，关注阿拉伯帆船、欧洲帆船，关注番货、舶来品和舶来的技术与观念。中国史就是世界史，世界史也是中国史。

⑦透物见人、以物见史。水下考古与文化遗产保护，从形而上言，是追寻、探索、纪念、铭刻，更是传承。曾经，人类作为陆生生物，居于陆而望洋兴叹。船舶，使海洋由阻隔变成通路。勇武的航海先民视渊若陵、以舟为履，架起非凡之桥梁。农耕、游牧、海洋，三大文明形态兼包并蓄于中华文明之中，而我们的海洋文明基因，源远流长、生机勃发。

作为曾经的失语者，海洋文明的遗珠等待我们去揭开面纱，任重而道远，欢欣而鼓舞。探索、发现、保护、传播，一路同行，有你有我。我辈勉力，让我们的工作既有广度和深度，更有厚度和温度。

海洋古国、海洋大国、海洋强国，不是口号，而是史实，是自信。在自信中传承、在传承中自信。历史与现实、当下与未来，都不遥远。中华民族的伟大复兴需要海阔天空这一抹厚重的蓝色。

自然是感谢。谢师与友，谢天与地，谢海与洋。传说中的那片海，还有那沉睡海底面纱微露的南海姑娘。就此别过！无论他日帆行何处，我辈一魂一魄，永留南海归墟。

参考文献

[1] 尤玉柱 . 史前考古埋藏学概论 [M]. 北京 : 文物出版社 ,1986.

[2] 苏秉琦 . 考古学文化论集 [M]. 北京 : 文物出版社 ,1987.

[3] 陈淳 . 考古学的理论与研究 [M]. 上海 : 学林出版社 ,2003.

[4] 张威 , 吴春明等 . 海洋考古学 [M]. 北京 : 科学出版社 ,2007.

[5] 冯承钧 . 中国南洋交通史 [M]. 上海 : 上海古籍出版社 ,2005.

[6] 李庆新 . 海上丝绸之路 [M]. 北京 : 五洲传播出版社 ,2006.

[7] 中国航海学会，泉州市人民政府 . 泉州港与海上丝绸之路 [M]. 北京 : 中国社会科学出版社 ,2002.

[8] 广东省博物馆 . 广东省西沙群岛文物调查简报 [J]. 文物 ,1974(10):1-29,95-102.

[9] 广东省博物馆，广东省海南行政区文化局 . 广东省西沙群岛第二次文物调查简报 [J]. 文物，1976(9):13-23.

[10] 何纪生 . 谈西沙群岛古庙遗址 [J]. 文物 ,1976(9):28-30.

[11] 赵嘉斌 . 西沙海域水下考古与海上丝绸之路 [N]. 中国文物报 ,2017-06-23(003).

[12] 许永杰 , 范伊然 . 中国南海诸岛考古述要 [J]. 江汉考古 ,2012(01):40-47.

[13] 范伊然 . 南海考古资料整理与述评 [M]. 北京 : 科学出版社 ,2013.

[14] 广东省地名委员会 . 南海诸岛地名资料汇编 [M]. 广州 : 广东省地图出版社 ,1987.

[15] 中国国家博物馆水下考古研究中心 , 海南省文物保护管理办公室 . 西沙水下考古 (1998—1999) [M]. 北京 : 科学出版社 ,2006.

[16] 丘刚 . 海南古遗址 [M]. 海口 : 海南出版社 ,2008.

[17] 王育龙 , 高文杰 . 海南古代墓葬 [M]. 海口 : 海南出版社 ,2008.

[18] 李金明 . 唐代中国与阿拉伯的海上贸易 [J]. 南洋问题研究 ,1996(01):1-7.

[19] 傅宪国 , 刘业沣 , 王明忠 , 等 . 海南东南部沿海地区新石器时代遗存 [J]. 考古 ,2016(7):3-18.

[20] 郝思德 , 王大新 . 海南考古的回顾与展望 [J]. 考古 ,2003(04):291-299.

[21] 广东省博物馆 . 广东海南岛原始文化遗址 [J]. 考古学报 ,1960(02):121-131,167-168.

[22] 何翔 , 张健平 . 海南原始文化遗存及其面貌 [J]. 南方文物 ,1994(03):8-16.

[23] 郝思德 , 王大新 . 西沙群岛珊瑚岛清代石雕文物 [A]// 中国考古学会 . 中国考古学年鉴（ 2002 ）. 北京 : 文物出版社 ,2003.

[24] 郝思德 , 王恩 . 西沙群岛北礁古代钱币 [A]// 中国考古学会 . 中国考古学年鉴（1997）. 北京 : 文物出版社 ,1999.

[25] 郝思德 . 西沙群岛北礁古代文物 [A]// 中国考古学会 . 中国考古学年鉴（1998）. 北京 : 文物出版社 ,2000.

[26] 郝思德 . 西沙群岛北礁水下文物 [A]// 中国考古学会 . 中国考古学年鉴（1999）. 北京 : 文物出版社 ,2001.

[27] 广州市文物管理委员会 . 广州西村古窑址 [M]. 北京 : 文物出版社 ,1958.

[28] 广东省博物馆 . 潮州笔架山宋代窑址发掘报告 [M]. 北京 : 文物出版社 ,1981.

[29] 徐恒彬 . 广东英德浛洸镇南朝隋唐墓发掘 [J]. 考古 ,1963(09):486-492.

[30] 孙键 . 南海沉船与宋代瓷器外销 [J]. 中国文化遗产 ,2007(04):32-45.

[31] 王恒杰 . 西沙群岛的考古调查 [J]. 考古 ,1992(09):769-777,865.

[32] 孙键 . 南海沉船与宋瓷外销 [J]. 中外文化交流 ,2008(01):6-13.

[33] 孟原召 . 华光礁一号沉船与宋代南海贸易 [J]. 博物院 ,2018(02):11-26.

[34] 李昉 . 太平御览：卷六〇 [M]. 北京 : 中华书局 ,1960.

[35] 李昉 . 太平御览：卷六九 [M]. 北京 : 中华书局 ,1960.

[36] 李昉 . 太平御览：卷七九〇 [M]. 北京 : 中华书局 ,1960.

[37] 周去非 . 岭外代答：卷一 [M]. 北京 : 中华书局 ,1999.

[38] 王象之 . 舆地纪胜：卷一二七 [M]. 成都 : 四川大学出版社 ,2005.

[39] 宋濂 , 等 . 元史：卷一六二 [M]. 北京 : 中华书局，1976.

[40] 汪大渊 . 岛夷志略 [M]. 北京 : 中华书局 ,2009.

[41] 赵汝适 . 诸蕃志 [M]. 北京 : 中华书局 ,1996.

[42] 马欢 . 瀛涯胜览 [M]. 广州 : 广东人民出版社 ,2018.

[43] 杨孚 . 异物志 [M]. 广州 : 广东科技出版社 ,2009.

[44] 向达 . 两种海道针经 [M]. 北京 : 中华书局 ,1961.

[45] 曾公亮 . 武经总要 · 前集：卷二〇 [M]. 北京 : 中华书局 ,1959.

[46] 张岳松 . 琼州府志 [M]. 海口 : 海南出版社 ,2006.

[47] 郭嵩焘 . 使西纪程 [M]. 北京 : 朝华出版社 ,2018.

[48] 唐胄 . 正德琼台志 [M]. 海口 : 海南出版社 ,2006.

[49] 胡舒杨 . 宋代中国与东南亚的陶瓷贸易 [A]// 上海中国航海博物馆 . 人海相依 : 中国人的海洋世界 . 上海：上海古籍出版社 ,2014.

[50] 路昊 . 中国境内宋代沉船的发现与研究 [J]. 水下考古 ,2018(00):8-30.

[51] 侯毅 , 吴昊 . 南海历史遗迹与文物的保护发掘与利用 [J]. 暨南学报 ,2017(07):77-85,131-132.

[52] 包春磊 . 南海 "华光礁 I 号" 沉船水下考古试析 [J]. 南海学刊 ,2015(03):55-59.

[53] 李庆新 . 南宋海外贸易中的外销瓷、钱币、金属制品及其他问题——基于 "南海 I 号" 沉船出水遗物的初步考察 [J]. 学术月刊 ,2012(09):121-131.

[54] 杨斌 . 当自印度洋返航——泉州湾宋代海船航线新考 [J]. 海交史研究 ,2021(01):12-30.

[55] 包春磊 . 华光礁出水瓷器表面黄白色沉积物的分析及清除 [J]. 化工进展 ,2014(05):1108-1112,1141.

[56] 包春磊 . "华光礁 I 号" 南宋沉船船体构件的用材分析 [J]. 文物保护与考古科学 ,2020(04):58-65.

[57] 周运中 . 南澳气、万里长沙与万里石塘新考 [J]. 海交史研究 ,2013(01):35-43.

[58] 陆芸 . 从 "黑石号" 等沉船出土的物品看古代中国与阿拉伯国家的贸易往来 [J]. 学术评论 ,2017(03):50-54.

[59] 秦大树 . 拾遗南海 补阙中土——谈井里汶沉船的出水瓷器 [J]. 故宫博物院院刊 ,2007(06):91-101.

[60] 刘未 . 中国东南沿海及东南亚地区沉船所见宋元贸易陶瓷 [J]. 考古与文物 ,2016(06):65-75.

[61] 曾昭璇 . 中国古代南海诸岛文献初步分析 [J]. 中国历史地理论丛 ,1991(01):133-160.

[62] 孟原召，鄂杰，翟杨. 西沙群岛石屿二号沉船遗址调查简报 [J]. 中国国家博物馆馆刊 ,2011(11):26-46.

[63] 蔡薇，艾超，席龙飞. 水密舱壁 中国古代船舶技术的领先贡献 [J]. 中国文化遗产 ,2013(04):34-39.

[64] 王元林，肖达顺.“南海 I 号”宋代沉船 2014 年的发掘 [J]. 考古 ,2016(12):56-83.

[65] 吕章申. 中国国家博物馆水下考古成果 [M]. 合肥：安徽美术出版社 ,2015.

[66] 郝思德. 南海考古 [M]. 桂林：广西师范大学出版社 ,2011.

[67] 黄纯艳. 宋代海外贸易 [M]. 北京：社会科学文献出版社 ,2003.

[68] 三上次男. 陶瓷之路 [M]. 李锡经，高喜美，译，北京：文物出版社 ,1984.

[69] 赵彦卫. 云麓漫钞 [M]. 北京：中华书局 ,1996.

[70] 阎根齐. 南海古代航海史 [M]. 北京：海洋出版社 ,2016.

[71] 司徒尚纪. 中国南海海洋文化 [M]. 广州：中山大学出版社 ,2009.

[72] 吴传钧. 海上丝绸之路研究 [M]. 北京：科学出版社 ,2006.

[73] 陈佳荣. 中国历代海路针经 [M]. 广州：广东科技出版社 ,2015.

[74] 周伟民，唐玲玲. 南海天书：海南渔民更路簿文化诠释 [M]. 北京：昆仑出版社 ,2015.

[75] 韩振华. 我国南海诸岛史料汇编 [M]. 北京：东方出版社 ,1988.

[76] 阎根齐，刘东梅. 海南社会发展史研究 [M]. 北京：光明日报出版社 ,2011.

[77] 王崇敏，阎根齐，王秀卫. 南海海洋文化研究 [M]. 北京：海洋出版社 ,2016.

[78] 向达. 郑和航海图 [M]. 北京：中华书局 ,1982.

[79] 阎根齐. 我国南海海洋文明的起源及特征 [J]. 南海学刊 ,2021(01):51-58.

[80] 李旷远，阎根齐. 历史时期南海诸岛命名考析 [J]. 中州学刊 ,2020(10):138-143.

[81] 阎根齐，李旷远. 郑和船队从广东至西沙群岛海域的航线和地名辨析 [J]. 吉林大学社会科学学报 ,2020(01):183-189,223-224.

[82] 阎根齐. 论南海海上丝绸之路的形成时间 [J]. 学术探索 ,2017(03):133-137.

[83] 陈天锡，郑资约，杨秀靖. 南海诸岛三种 [M]. 海口：海南出版社 ,2004.

附录一 | 南澳Ⅰ号明代沉船遗址发掘工作日记二三则

南澳Ⅰ号位于广东省汕头南澳岛东南三点金海域，于 2007 年 5 月下旬发现，遗址最小岸距约 2 海里，水深在 25 ～ 28 米。

2010 年 4 至 7 月，国家水下文化遗产保护中心和广东省文物考古研究所联合对其进行了发掘。2010 年度发现 16 道隔舱板和对应的 15 个船舱，发掘出水以青花瓷为主的各类明代文物 1 万余件。笔者作为水下考古队员亲身参与了历时 3 年的发掘，现将个人一线工作日记摘录二三，虽不免零碎，却也鲜活直观，以飨读者。

2010 年 4 月 22 日　初见真容

经过前期布设水下遗址基线、软质探方框、遗址表面初步清理工作后，领队安排测绘、影像记录、发掘组部分队员进行适应性潜水并了解遗址概况。今天是笔者登上工作母船后第一次潜水，终于见到了"南澳Ⅰ号"的样子。

潜水方式：空气单瓶。

潜伴：孙键。

水下任务：适应。

入水后，及时做耳部反压，1 分钟顺利置底。查看 D4 潜水电脑表，水深 25.6 米，空气潜水免减压时间为 26 分钟。水底能见度尚好，约有 1 米，且有不大水流，恰到好处地将泛起的浮泥快速带走。入水铅砣位置在船体南端东侧边，铅砣一边有线绳连接至遗址的南北基线。沿基线从南向北游动，勘查沉船概况。自南向北可见数十道隔舱板露出水底，部分隔舱之间还有整齐码放的青花瓷盘隐约现于海底淤泥中。基线自南向北约 8 米处有特殊木制结构，疑似船桅底座。基线北端偏东 2 米处散落有青花瓷碗 1 个，绘有缠枝花卉纹，将其采集出水。

置底 24 分钟时，返回入水铅砣准备出水，按照速度不大于 9 米 / 秒上升，5 米深度处做 3 分钟安全停留，随后出水登船。

2010 年 5 月 15 日　水下发掘

今天的天气和海况，是近段儿最好的一天，海面涌浪不到 1 米。之前的海况，不提了。打捞局潜水员完成探方内器物起取、吊篮出水后，队长崔勇第一个带大摄像机下水；张勇、王志杰第二组，35% 高氧、布新方、绘图；我和阿水第三组，普气、全面罩，调整基线，先后下水。今天这个潜，收绳子、抢锤子，在遗址来回游了几趟，累得不亦乐乎。出水，充气、收拾装备，洗完澡，头发半干，坐在电脑边，放一首《凹凸》，开始写潜水日志，感觉很快乐。

前两天，跟张勇下水拉基线，那是第四次在南澳下水，双瓶组。自己的印象里几个瓶阀门都开了。在入水梯穿好装备，下水，沿入水绳俯身下潜，张勇在前，我跟着，一切都很顺利。不断下潜，能见度越来越低，我在正常地呼吸，突然，一吸，没气了，呼吸器像被卡住了压住了一般，一点儿气都没有。我想，是否是因为水流急，水压压住了呼吸器阀门？用力吸了一口——完全没有。心里一紧，因为刚才是呼出一口气，现在肺里也就半口气了。而这时，张勇在我前面，已看不见。迅速地瞄了一眼 D4 电脑表，深度 15 米多，脑子里一闪而过的是这深度紧急上水的设想。但那是最后不得已的选择。马上换挂在颈上的备用呼吸器，吸一口，有气。再吸一口，还有。这才定了神。备用呼吸器接在副瓶，这说明起码副瓶是正常的。经这么一状况，不敢继续下，左手拉着入水绳，右手检查主气瓶阀，逆时针一拧，居然动了。大概就开了 1/3。这才明白了原因，只开 1/3，水浅时呼吸正常，水深了，水压变大，就供不上气了。于是完全打开，换回主呼吸器，OK。这才继续下潜。种种经验在南澳Ⅰ号积累，一起积累的还有信心。

2010 年 5 月 18 日　文物提取

潜水方式：空气双瓶全面罩。

潜伴：韩飞。

水下任务：文物提取。

经过前几天的遗址表层清理、测绘及影像记录工作的完成，今日起对表层文物进行集中发掘。

入水置底后迅速找到隔舱 S2 处，见到整齐码放的青花大盘。首先使用木铲配合手扇清理舱内淤泥。清理完毕后，双手提取瓷盘，将提取出的瓷盘放入事先准备好的文物提取框。截至离开水底时，发掘提取青花大盘 23 件。

2010 年 6 月 5 日　一次历险

潜水方式：scuba-air（水肺潜水）双瓶。

潜伴：金涛。

水下任务：清理遗址表面、采集标本。

潜水记录：12:10 入水，2 min 到底，25 min 离底，27 min 出水。水温 23℃。最大水深 27 米。入水气压 180 bar，出水气压 60 bar。

回海口休整两周，今天是返回南澳后第一次下水。

着装，从南天顺船尾跨步入水，下潜，反压顺利，到底，入水砣处沉块很密集，位于遗址西，东向紧挨基线 / 皮尺，右手向南，左手向北。我在前，我们先游到南基点，钢钎处，遗物少，平坦，属遗址外围。整理拉紧皮尺，继由南向北游，南点皮尺读数 0 m，北基点绑于一现代铁锚，该锚嵌入一大凝结物，高于海底平面 1 m，北点皮尺读数 28 m，两根钢钎、皮尺架放置凝结物底部，北点外围仍有器物散落。我用钢钎往沙里插，紧密，底下是否有器物，不明。

由北往南，见一条红白绳与基线部分相交后向西南伸出，我独自沿此绳边游边捋，估摸七八米，见一铁桩，应为 A2 点，绳子继续延伸，部分埋入泥中，未敢向前。东侧可见灯光，感觉与基线相距不远，遂径直游去，估摸游过一两个身位，见到第二组下水的陈波、王志杰，他们在船舱内起取文物。此时金涛在基线南侧，已不见其灯光，我未告知他，直接离开基线，从陈波头顶扒着他的气瓶游过，俯身，看到一道隔舱板。今天是我第一次带罗盘下水，但未带行动绳。亲自量了隔舱板方向，基本为正东西向，此时我已离开基线三四米。我往正北向垂直隔舱板继续游，先后看到 3 道隔舱板，用手触摸，已严重饱水，有些发软。此时我已游出四五米，准备掉头返回。这之前，水底很黑，透光性差，但悬浮物少，开灯能见度 1 米以上。这时，打捞局潜水员开始用水炮冲泥，他们的水炮管粗、水压大，顿时一股黄泥汤扑面而来，如乌龙闹海。底都看不见了，灯光在眼前晃动也只见股股黄汤。心中一紧，失去位置，头向不明。

在浑水中，我摸到了打捞局潜水员所用 KMB 管道供气系统的喉管，它连接到水面，我本可以沿着它安全出水，但逞强，也觉得没面子，犹豫一阵后，放开了，重新寻找基线绳。待到与水炮有一定距离后，能见度稍好，可以看清罗盘。此时，我错误地判断，继续向北游去（按当时的位置，即使考虑水流，也应往南、往西回），能见度恢复，但海底干干净净，没有熟悉的瓷片散落，平平坦坦，没有大块起伏的凝结物，这说明已离开沉船远了。我把手电往下打，环顾一周，完全漆黑，不见同伴的亮光，心中一紧。按我在水底脚蹼踢动的效率，已走出十数米外。不甘心，看气压表，还有 100 bar，双瓶气量足够，看潜水电脑表 D4，免减压时间倒计时还有好几分钟。于是又反向游动，并有意顶流游，也看到些小礁石，类似凝结物，但仍未见到瓷片、未见到灯光、未摸到基线。水底时间已 25 分钟，免减压极限时间到了，于是就地上升。第一次，没有入水绳，自由上升，漂游。上到十七八米，有一点光透下来，水色变绿，能看到 D4，于是就关了手电，盯着深度显示，压着上升速度，慢慢打脚蹼，不时地看看头顶，以免有水母漂来。D4 在 12 m、6 m 都显示 "stop（停）"，意为在此深度做安全停留，无奈没有入水绳依托，停留只会让我随水流越漂越远，遂继续上升，并有意顶流，以防漂出太远——我已设想出水后飘远需放艇来拉了。逐渐往上，光越来越亮，水色透白，到两三米深时，已能看到船底。我用双手撑住，自成弧度，顺着向外游出，出水，原来是船头的位置。看见一根锚缆，奋力游去，抓住，给 BCD（浮力控制系统）充气，挥手向船上求救，船员很快发现了我，我拉着锚缆，在涌浪的起伏下，被拉起又荡下，与缆绳磕碰，狼狈不堪，又只好抓住缆绳的低处。很快，船员抛下救生圈，我游去抓住，救生圈连着救生绳，船员拉着去往船尾出水处。我右手挽着救生圈，仰面朝上，吐出呼吸器，片刻放松，后又咬上，直被拉到船尾，游向入水梯，脱脚蹼，上水。庆幸，若是在船底中央出水或是漂离船太远都很麻烦。

总结：一是大意，没有行动绳，游离基线太远。二是紧张，突然没有能见度，失去了位置，后错误判断往北寻找。三是逞强，要面子，摸到喉管就该顺着上水。

分析：①水深26m，水底时间25分钟，在免减压时限内，身体余氮值正常。②查看D4所记潜水曲线，从离底到出水，约两分半钟，上升速度在9 m/min～18 m/min，正常。③上升中呼吸正常，无爆肺（肺撕裂）危险。

风险点：①无法在预定深度做安全停留。②上升速度不易控制，过快会因肺部气体压力差，导致肺泡破裂出血。③出水时失去位置，若是在船底中央出水或是漂离船太远都很麻烦。或者周边渔船经过，转动的螺旋桨的危险；又或者远离船只看不到岸的漂离。

当晚例会，做了检讨，经验教训与队友共鉴。崔勇队长罚充气两天，劳动教育。远在北京的孙键队长获知后，发来信息："安全第一，越是熟练越是要胆小。诸葛一生唯谨慎，切记切记。"

2010年6月21日　散记（一）

广州打捞局的南天顺号是考古队的工作母船，铁质，长61米，宽25米，住久了，不觉大。与西沙木渔船比，没蟑螂，没老鼠，这点好。出海日久，偶有苍蝇在房间里飞舞，也觉得是一种生气。船上的电力来源全靠柴油发电机组，因电能难存储，发出的电不用也白白浪费，于是船上用电完全是敞开了用，空调电视电脑不关机。唯独发电机、空压机每每在上风口开动时，废气随风飘，扑面而来，很是难受。

考古队日夜作息于船上，享受着立体的海景，包括洗碗槽的位置都是绝佳。其实，南澳和南天顺，已具备世界高端旅游点的关键词：360度全方位海景、一线亲水平台、顶级沉船潜点、夜钓、游艇冲浪。我们天天生活于此、工作于此，并不知觉。另外，很久以来的误会——"做海"的我们天天吃海鲜。还有记者说可以下网捕鱼。哈，下网，然后下水被自己下的网网住。话说到这儿，这次的SEACSUB 潜水刀确实漂亮，带在身边以防万一。还有 Apeks 可下 100 米、可冰潜的呼吸调节器，堪称豪华。

南天顺是一条平泊打捞船，空载排水量已有 3000 余吨，四角抛 4 个八字锚，相当平稳。日夜生活在船上，不觉眩晕，只有媒体记者上船叫晕。偶尔看海面，才觉得晃动。船身竖泊东北—西南向，东北风起，风浪涌于船头则从船尾入水；偏南风起，风浪涌于船尾则从船头入水。这也就是见风使舵、顺水推舟吧。

海底的这条明代沉船，体量比预计的更大更复杂，已现 13 道隔舱。潜水量大，每次下水都要特别小心水母。这两天在水底，装满瓷器的塑料筐，脱了脚蹼在水底抬着走。到了免减压时限，来不及穿脚蹼，直接拽着入水绳上升，真正是爬着上来。到安全停留时，再穿上。最近，连续有铜钱出水，先后辨识出熙宁通宝、熙宁元宝，均为宋钱，其只可断定沉船的年代上限，不早于铸钱年代。这也印证了宋钱的铸量之大，存世之多，使用之久。

为了保证每个队员的水面曝氧时间，潜水有排班。南澳海域是半日潮，一天涨落两次，且潮差大、水流急，适合潜水作业的平潮期短。我分在第二组，都是赶一早的潮水。最早的一次是清晨的 6 点 11 分就已经出水了。打上稀饭馒头，看汕头早间新闻，仿佛刚刚结束晨练。船上过的集体生活，一日三餐四菜一汤，偶然发现统一的红烧牛肉面更好吃。

2010 年 6 月 29 日　散记（二）

今天是农历十五，天文大潮，一到潮点就转流了，完全没有平潮。这样的海况是最难开展工作的。海水里的悬浮物、海泥、盐分，在水流下扑面而来，仿佛磨砂一般，每天用淡水冲冲脸就好了，黑头都少。而粘在入水绳上的水母须，昨天没注意避开，现在还嘴皮刺痛。好在它挂绳的时间长了，毒性不大。

南天顺—德信船组的大灯很白亮，几次夜里乘快艇归船，在漆黑的海面上，老远看见的那一片亮如白昼的海上宫殿，就是我们的南澳Ⅰ号。

每次乘坐的快艇，150 匹的马力，发动机就占船价的一半以上。最快时速 50

海里，挺立艇首，随波浪起伏，疾风扑面，真正是弄潮儿。

海钓一二事：①鱿鱼喜光，用塑料仿生鱼钩在水里拖曳，逗其追钩，钓拉出水时往往喷出墨汁。②针鱼喜光，极细长，游于水面，用长竹竿扎网兜捞起。③风向转南，夜，高平潮，风向流向叠加，水流在撞击船尾后加速，箭鱼喜急流，能跃出水面，用网捞。④普钓，加铅坠，钩带饵下至海底，目标底栖鱼类。若水流大，钩不落底，需待平流。

昨天下午，拆开 2 个气瓶，清洗，蒸馏水，加洗涤剂，来回地摇晃，最后用高压气体吹干瓶壁。气瓶头已做适氧处理，一级头，呼吸器都是高氧型号。今天开始，在 6 米停留时，吸纯氧排氮。

结语

水下考古工作对象埋藏环境的特殊性决定了潜水作业固然不是水下考古工作的全部内涵，却也是极其重要的一项基础性工作，潜水作业能否安全完成决定了水下考古工作的成败。出海、行船、下水就成了水下考古队员长久的关键词。通过上文零碎无章的字句，读者可直观了解一线工作，体验队员的切实感受，对考古学与公众的互动，不啻为一种有益的尝试。

附录二 海南海上丝绸之路有关历史遗存

国家级、省级文物保护单位目录

序号	名称	年代	所在地	级别
一、古遗址（14处）				
1	北礁沉船遗址	宋至清	三沙市	国保
2	华光礁沉船遗址	宋至清	三沙市	国保
3	南沙洲沉船遗址	明	三沙市	省保
4	珊瑚岛沉船遗址	清	三沙市	国保
5	玉琢礁沉船遗址	宋至清	三沙市	省保
6	浪花礁沉船遗址	明	三沙市	省保
7	西沙甘泉岛唐宋遗址	唐至宋	三沙市	国保
8	珠崖岭城址（由南渡江舟渡入海，古港口功能）	汉至唐	海口市	国保
9	崖州故城	宋至清	三亚市（唐宋水南大港）	省保
10	昌化故城	明	昌江黎族自治县（海尾新港）	省保
11	福安窑址	南宋至清	澄迈县	省保

续表

序号	名称	年代	所在地	级别
12	碗窑村窑址	南宋至清	儋州市	省保
13	沿海烽堠	明	临高县	省保
14	洋浦盐田	宋至现代	儋州市	国保
二、古墓葬（3处）				
1	光村墓群	唐	儋州市	省保
2	藤桥古墓群	唐至宋	三亚市	国保
3	军屯坡珊瑚石椁古墓群	唐	陵水黎族自治县	省保
三、古建筑（7处）				
1	天后宫	清	海口市	省保
2	西天庙	清	海口市	省保
3	斗柄塔	明至清	文昌市	国保
4	起云塔	民国	海口市	省保
5	迎旺塔	清	三亚市	省保
6	潮州会馆	清	万宁市	省保
7	里桥	明	澄迈县	省保
四、石刻（2处）				
1	天涯海角石刻	清至现代	三亚市	省保
2	小洞天石刻	宋至现代	三亚市	省保
五、近现代重要史迹及代表性建筑（4处）				
1	符家宅	民国	琼海市	省保
2	永兴岛史迹	现代	三沙市	国保
3	临高灯塔	清	临高县	国保
4	琼海关旧址	近现代	海口市	国保

市县级文物保护单位目录

序号	名称	年代	所在地	级别
海口市（3处）				
1	白沙门天后宫	清	白沙门上村 132 号	市保
2	白沙门中村天后宫	清	白沙门中村内	市保
3	冼太夫人庙			市保
三亚市（10处）				
1	大云寺遗址	唐	崖城镇水南二村西南 2 千米	市保
2	伊斯兰教徒古墓群	唐至元	藤桥镇东溪村 1 千米番岭坡海滩	市保
3	八人轿墓群	唐至元	梅山镇梅东村南约 500 米的八人轿坡海滩	市保
4	羊栏伊斯兰教徒古墓群	唐至元	羊栏镇回新村西南 200 米	市保
5	羊栏珊瑚石墓群	清	羊栏镇回新村西 200 米	市保
6	广济桥		水南村东 2 千米	市保
7	龙王庙	清	保港镇港一村西南 50 米	市保
8	迎旺塔	清	崖城镇城西村西南 200 米	市保
9	小洞天摩崖石刻	南宋	崖城镇大坡村东南 5 千米	市保
10	天涯海角摩崖石刻	清	天涯镇天涯村南 2 千米	市保
文昌市（7处）				
1	琼北海底村庄遗址	宋至明	铺前镇罗豆村西南 2 千米的东寨港内	市保
2	水尾圣娘庙	清	东郊镇坡尾村内	市保
3	新建水尾圣娘桥记碑			市保
4	伏波庙	清	铺前镇北山村内	市保
5	重建伏波庙碑记碑			市保

续表

序号	名称	年代	所在地	级别
6	文笔塔	清	东郊镇白头尾村内	市保
7	宝陵港沉船	明	龙楼镇宝陵港东南约 500 米	市保
琼海市（3处）				
1	嘉积基督教堂	民国	嘉积镇北帝庙	市保
2	博鳌沉船遗址	明	博鳌镇博鳌村东南 2 千米	市保
3	汪洋窑址	明	潭门镇苏区村委会汪洋村	市保
万宁市（2处）				
1	山根窑址	元	山根镇山根村东南 1 千米	市保
2	青云塔	清	万城镇联山村东南 300 米	市保
东方市（1处）				
1	马伏波井	清	罗带乡十所村东北 20 米	市保
儋州市（3处）				
1	蒲氏始祖墓	宋	新英镇攀步村西南 20 米	市保
2	那大基督教堂	清	那大镇东风路 156 号	市保
3	细沙村灯塔		峨蔓镇细沙村西 500 米的海上	市保
临高县（2处）				
1	毗耶庙	元至清	东英镇兰庄村西北约 600 米	县保
2	昌拱烽火台遗址	明至清	美夏乡昌拱东约 300 米的临高角内	县保
澄迈县（2处）				
1	促进山窑址	元	山口乡福安村南约 2 千米的促进山	县保
2	澄迈故城	明至清	老城镇区内	县保

续表

序号	名称	年代	所在地	级别
陵水黎族自治县（4处）				
1	移輋遗址	唐至北宋	光坡镇移輋村东约 300 米	县保
2	牛岭驿道遗址	明至清	光坡镇香水村东 150 米的牛岭	县保
3	军屯坡珊瑚石椁墓群	唐	英州镇保墩村西 400 米的军屯坡海滩	县保
4	福湾伊斯兰教徒墓群	唐至元	英州镇福湾村东约 300 米石井路海滩	县保

附录三 海南西沙群岛华光礁 I 号南宋沉船遗址

华光礁属中国海南省西沙群岛范围，位于永乐群岛南部。华光礁 I 号沉船遗址位于华光礁环礁内侧。1996 年由我国渔民发现，1997 年以来，曾多次遭到非法盗掘，沉船遗址破坏严重。1998 年开展西沙群岛水下文物普查工作期间，国家博物馆和海南省文物部门做过初步的试掘工作，出水文物近 1800 件，出版了《西沙考古》学术报告。该地点发现的沉船和遗物是我国南宋时期海外贸易的重要史迹。

经国家文物局批准，由国家博物馆水下考古研究中心和海南省文体厅文管办共同承担，调集全国水下考古专业人员组建西沙群岛水下考古工作队，分别于 2007 年 3 月～5 月和 2008 年 11 月～12 月实施西沙群岛华光礁 I 号南宋沉船遗址发掘项目。

西沙群岛华光礁 I 号南宋沉船遗址发掘项目，分为 2 个阶段进行。第一阶段 2007 年 3 月～5 月，主要完成沉船遗址船内承载物的发掘和船体全面测绘；第二阶段 2008 年 11 月～12 月，完成船体发掘，对船体构件进行编号测绘，分解提取运回海南省博物馆进行脱盐、脱水保护处理，最终完成船体复原工作。

第一阶段工作　本年度实施的华光礁 I 号沉船遗址发掘项目，是国家海疆考古"十一五"发展规划中重要项目之一，是近年来我国水下考古一次重要的抢救性发掘工作，为多层次、多手段开展水下文物保护，再次进行了有益的尝试和探索。

本次华光礁 I 号沉船遗址发掘，遵循考古工作规程要求进行，项目实行领队负责制。在探查了解了遗存分布状况后，以中心凝结物为中心，布置了 50 个探方，每个探方 4 平方米，总发掘面积约 370 平方米。发掘直至船体，水深 3 米余。所有出水文物按照探方单位予以编号记录、绘图、摄影，扰乱层出水的器物一律按照采集编号处理，出水文物得到了必要的前期清洗处理。

发掘工作中，主要依靠人力搬运作业，辅助了空气负压设备等进行淤沙清理。扰乱层揭露完成后，发现了船体和南宋瓷器、铁器、朱砂等遗物，船体上部目前仍有多处大型的凝结物叠压。经过近 50 天的工作，绝大部分遗物提取完毕，凝结物保持原始状态，发掘现场回填保存。

发现的船体已经被破坏了一部分，残存船体覆盖面积约 180 平方米，船体残长 20 米，宽约 6 米，舷深 3 ～ 4 米，发现 11 个残留的隔舱，除船体上层建筑外，底层船体保存基本良好，初步估计该船排水量大于 60 吨。该船是我国目前在远海发现的第一艘古代船体，目前沉船仍保存较好，结构基本清晰，但是，由于船体构件已经高度饱水，现场加固条件有限，我们仅采集了部分标本，留待研究实验。如能尽快提出打捞方案并付诸实施，将是我国又一艘极具研究价值和展示效果的古代沉船。

此次发掘，总工作时间为 55 天，总潜水时间（所有参与人员累计）约 30 万分钟。出水文物近万件，陶、瓷器占绝大部分，陶瓷产地主要为福建和江西景德镇，陶瓷产品按照釉色分类主要有青白釉、青釉、褐釉和黑釉几种，器型主要为碗、盘、碟、盒、壶、盏、瓶、罐、瓮等。装饰手法和纹样丰富，器物种类较 1998 — 1999 年有新的发现，并不乏精品。

第二阶段工作 本次华光礁 I 号南宋沉船遗址考古发掘以凝结物分解及船体出水为主要内容，这既是 2007 年华光礁 I 号沉船考古发掘项目的继续，同时也是我国水下考古发掘领域对古代木质高饱水沉船整体进行完整记录、逐层拆卸、分件出水、科学保存并长距离运送返回等一系列项目的首次尝试。

本次出水的船体在国内实属罕见，对研究我国古代造船史有着重要意义。首先它的船板层数多，大部分有 5 层，局部有 6 层，而且船板体量大，大部分主要船板长度在 5 米以上，最长的达 14.4 米，宽度也在 30 厘米以上，最宽的达 48 厘米（63 号板）。此次提取有编号的船板共 511 块，采集有编号的船板 48 块，共装 244 厘米 ×47 厘米 ×35 厘米和 244 厘米 ×61 厘米 ×35 厘米两种规格的木箱 177 个，此外还提取了近 100 个样品，包括各部位的船板、舱料、珊瑚砂等。此次发掘，总工作时间为 40 天，总潜水时间约 20 万分钟。

华光礁 I 号沉船的顺利出水，也为这一历时 2 年的我国远海水下考古发掘项目画上了完美的句号。水下沉船实质上是我们在水下发现的最大的文物，它既是所有水下古代船货的承载体，同时也是我国古代造船工艺及远洋航海技术的完整再现，其文物价值之高，提取及保护难度之强，都要远远地超出某个单件的文物。华光礁 I 号古代沉船的成功出水，是我国在水下文化遗产保护领域迈出的重要一步，同时对我国水下考古事业的全面发展也具有里程碑式的意义。发掘获得的丰硕成果再次证明南海诸岛自古就是我国的神圣领土。

原载于《中国文物报》2009 年版，
作者赵嘉斌为中国西沙水下考古队队长

照片欣赏

北礁灯塔与航道

晋卿岛远眺

甘泉岛珊瑚石板庙

礁盘上发现的铁锚

永兴岛收复西沙纪念碑

珊瑚岛Ⅰ号沉船水下考古调查

遗址表面清理

遗址原始堆积

水下摄影

船体测量绘图

水下发掘清理

残存船体

西沙华光礁Ⅰ号发掘现场

西沙华光礁Ⅰ号水下发掘测绘

西沙华光礁 I 号水下发掘摄影摄像

水下潜泳调查

船板测量

水下绘图

西沙华光礁Ⅰ号出水船板现场测量记录

西沙华光礁Ⅰ号沉船船体水下拼接摄影

西沙华光礁Ⅰ号沉船船体水下清理

西沙华光礁 I 号船体局部

船板及出水支架

船体结构

龙骨及出水支架

船体及瓷器堆积

西沙华光礁Ⅰ号南宋沉船水下拼接全图

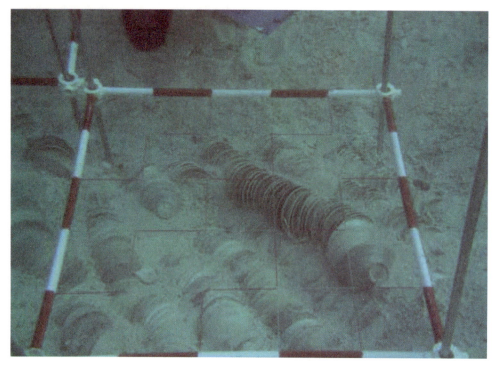

船载瓷器堆积

西沙华光礁Ⅰ号船载瓷器原始堆积

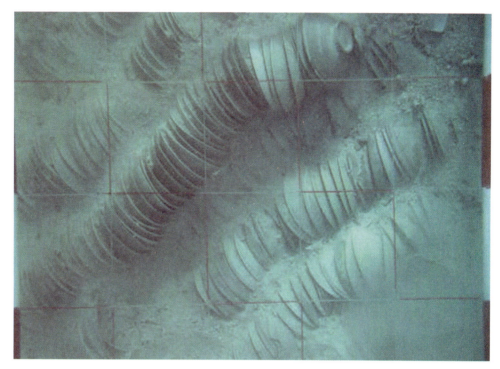

瓷器在船舱内成摞码放的原始状态

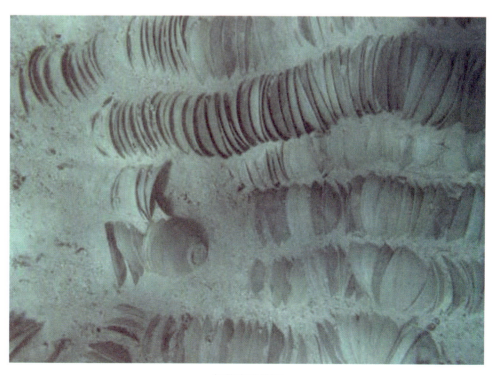

船载瓷器堆积

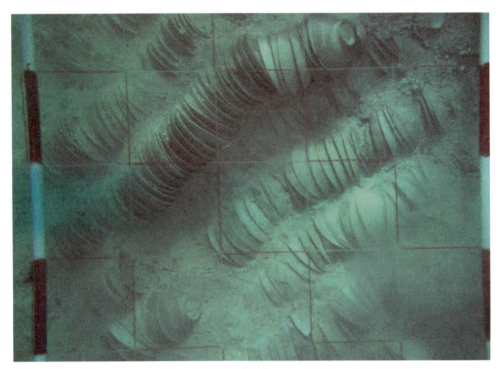

船载瓷器堆积

华光礁沉船遗址表面（局部）

出水文物——南宋德化窑青白釉蒜头瓶

出水文物——南宋德化窑青白釉小瓶

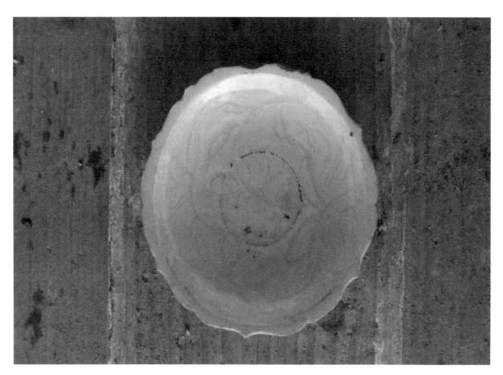

出水文物——南宋景德镇窑青白釉碟

出水文物——南宋南安窑青釉刻划花纹碗

出水文物——南宋景德镇窑青白釉水注

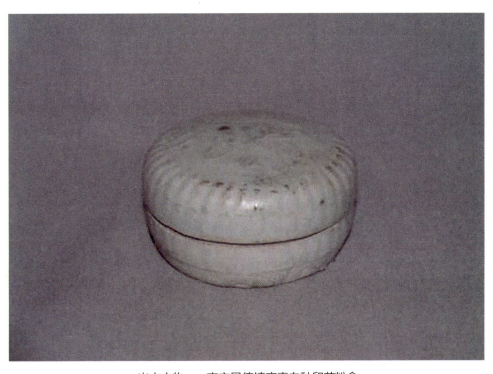

出水文物——南宋景德镇窑青白釉印花粉盒

水下考古目视搜寻

西沙海域水下搜寻

西沙海域水下金属探测调查

西沙海域水下潜泳调查

西沙珊瑚岛Ⅰ号沉船水下测绘

水下标本采集

西沙珊瑚岛Ⅰ号出水瓷器

西沙海域礁盘调查用小艇

水下遗址测绘

水下遗址搜寻

海底珊瑚

甘泉岛俯瞰

甘泉岛遗址调查

甘泉岛遗址文物保护碑立碑

大洲岛沉船调查

大洲岛沉船调查

永兴岛石岛礁盘潮间带行盘踏查

西沙考古工作母船

1996 年西沙文物普查调查队出征前于调查船上合影

1996 年西沙文物普查调查队与驻岛官兵合影

2007 年 3 月中国西沙水下考古队华光礁 I 号发掘项目出发前合影

2007 年西沙群岛水下考古工作照

2007 年西沙群岛水下考古工作照

2009 年中国西沙水下考古队于石岛主权碑合影

2010 年南澳Ⅰ号水下考古发掘——笔者跨步入水

2018 年南海海域载人深潜深海考古调查队合影

西沙珊瑚

西沙海底

西沙风景

西沙风景

西沙永兴岛港门防波堤

木船·夕阳

晋卿岛一角

晋卿岛海滩

后记

　　笔者不才。在校学习期间，以边疆考古和中外文化交流为趣向，毕业援藏支教 1 年后来琼工作，围绕南海区域历史研究视野进一步拓宽。基于考古实证材料，探索新方法，凝聚新观点，透物见人，以物证史，聚焦南海海洋史和海洋文明，围绕失语的古代中国海洋族群及其航海史迹，拼缀复原古代中国海洋壮丽而真实的历史图景，探寻、保护、纪念传承航海先民的海洋文化基因，厘清海陆文明互动关系，为当下与未来奉上一份源自历史与先民的智慧参考。借由海南省博物馆（海南省文物考古研究所）馆所一体的交叉优势，考古新发现新成果能够迅速地反映到博物馆的陈列展览体系之中，以生动直观的展示方式传播给社会公众，并与一线研究形成良性互动。

　　本书的写作得到广东省社会科学院海洋史研究中心主任李庆新研究员的启发，得到海南省文物考古研究所原所长郝思德研究馆员的精心指导，得到国家文物局考古研究中心技术总监孙键研究员的帮助，得到海南文博同仁的长久襄助，在此一并致谢。